[澳] 阿曼莎·英博（Amantha Imber）◎著
陈劲 茹烨 刘彦声◎译

塑造创新文化

实现创新的14个关键因素

THE INNOVATION FORMULA

THE 14 SCIENCE-BASED KEYS FOR CREATING A CULTURE WHERE INNOVATION THRIVES

電子工業出版社
Publishing House of Electronics Industry
北京·BEIJING

The Innovation Formula: The 14 Science-Based Keys for Creating a Culture Where Innovation Thrives
ISBN: 978-0730326663

版权贸易合同登记号　图字：01-2016-9817

图书在版编目（CIP）数据

塑造创新文化：实现创新的14个关键因素 /（澳）阿曼莎·英博（Amantha Imber）著；陈劲，茹烨，刘彦声译. —北京：电子工业出版社，2018.3

书名原文：The Innovation Formula: The 14 Science-Based Keys for Creating a Culture Where Innovation Thrives

ISBN 978-7-121-33024-7

Ⅰ. ①塑…　Ⅱ. ①阿…　②陈…　③茹…　④刘…　Ⅲ. ①企业创新　Ⅳ. ①F273.1

中国版本图书馆CIP数据核字(2017)第277513号

策划编辑：王　斌
责任编辑：刘露明
文字编辑：卢小雷
印　　刷：北京盛通商印快线网络科技有限公司
装　　订：北京盛通商印快线网络科技有限公司
出版发行：电子工业出版社
　　　　　北京市海淀区万寿路173信箱　　邮编100036
开　　本：720×1000　1/16　印张：12　字数：154千字
版　　次：2018年3月第1版
印　　次：2020年10月第2次印刷
定　　价：58.00元

凡所购买电子工业出版社图书有缺损问题，请向购买书店调换。若书店售缺，请与本社发行部联系，联系及邮购电话：（010）88254888，88258888。
质量投诉请发邮件至 zlts@phei.com.cn，盗版侵权举报请发邮件至 dbqq@phei.com.cn。
本书咨询联系方式：（010）88254199，sjb@phei.com.cn。

序

我的第一份“正规的”工作——“正规的”工作当然不是在餐厅当服务员，或者在本地服装店缝帽子，抑或在酒吧客人面前演奏吉他——是澳洲证券公司的人力资源经理（Human Resources Manager）。当时我已经是博士最后一年，正在完成组织心理学方面的博士论文并对进入全职工作的世界无比期待。

我对证券行业了解很少（这也许是好事，我不确定如果我了解更多的话是否还会接受这份工作），但我对人力资源和“人”的一面了解甚多。我曾经（天真地）认为这家证券公司有澳洲最好的工作环境。上一任人力资源经理辞职了，我没问原因，我的首要任务就是尽快地招聘很多高质量的保安。工作永远不会少，但好员工却总是不够。

我把时间都放在了面试保安人员上。我会问他们一系列问题，评估他们的答案，然后给我的领导提供要不要招聘他们的建议。上层管理者们会再进行一次最终面试来做出决定。

我很喜欢这份工作，虽然有的时候有些重复而且重点一直放在招聘上。我每天都去办公室，并在工作中成长了很多，而每天穿着正装（这是我众多工作中仅有的一份需要穿正装的工作）也是这家相对较大的证券公司给我带来的一些影响。

但是，随后一切都改变了，这源于一场普通的面试。当时我正在面试一个来应聘保安工作的年轻人，就先叫他布鲁斯吧。布鲁斯刚完成了保安证书考证，他对这份保安工作充满期待。我问了他一系列常规问题，一切都很正常。他的答案也很令人满意，看上去挺适合这份工作。当面试快结束时，我在给布鲁斯指出门位置的时候发现他的左耳带了一个耳环。“跟你说一下，”我说，“你工作时得把耳环摘了，耳环可能会导致安全问题。”

突然间我被按到墙上，布鲁斯揪住我的肩膀并对我吼道：“没人能规定我的穿着打扮。”然后他飞快地离开了办公室。不用问，我的建议是不招聘他。

几个星期以后，我正好在查看给新员工安排工作的列表。上面有一些熟悉的名字，但是我突然心头一颤，布鲁斯的名字也在这个列表上。我立马冲进了领导的办公室。

“为什么布鲁斯的名字在上面？”我几乎要喊出来了。

我的经理布兰登有点疑惑地看着我：“因为我们录用了他。”

“这很显然。但是你不记得布鲁斯都做了些什么吗？他在面试中侵犯了我。”

“是的，”布兰登说，“但是除了这个，他看上去挺好的。”

我第二天就提交了我的离职申请。

我离开了证券行业，进入了广告业。我在广告业的第一份工作是消费者心理分析，这份工作的主要内容包括了解消费者行为动因，并帮助我们的客户更好地销售产品。这很考验智商，但不是特别道德。我在一家跨国公司的墨尔本分部工作，虽然这里的工作环境明显比证券公司好很多，但我的经理却并不强于前任。

我的第一个年度考核是我记得最清楚的一件事。我的经理提议一起去街角的一个咖啡厅坐坐，当时她已经坐在角落的一个桌子那儿了。我整整一年都毫不懈怠地工作，也为我的客户和同事们提供了不错的服务和建议，我期待能获得一个积极的评价。我还在一本顶尖的商业杂志上有一个每周专栏，发表一些关于消费者行为的文章，同时也给公司带来了不错的曝光率（至少我是这么认为的）。所以，当我的经理在谈话一开始就要求我取消专栏时，你应该能猜到我是多么惊讶。经理说："公众的眼光必须聚焦在我身上，而不是你。此外，不要在媒体面前说你自己是一个消费者心理学家，因为这不是你的工作头衔。"这次考核从这里开始就没有什么意义了。

我无视了她的要求，专栏又持续了 4 年，直到我决定不再写下去。在这次考核不久，我就被猎头公司介绍去悉尼的另一家全球性广告机构——Leo Burnett。

人们说只有到第三次才会有好事，这显然符合我的经历。我去的时候，Leo Burnett 悉尼分公司正处在发展的高峰阶段（当然不是因为我去了）。公司的创新研究一直不停地获奖，其中包括一些在戛纳（世界上最著名的行业奖项）所获得的奖项，我也很幸运可以在 CEO 奈杰尔·马什的领导下工作。

我的直系领导托德·桑普森非常喜欢我的专栏，他不仅没让我取消，而且这正是他通过猎头找到我的原因。他希望我写更多的东西，而不是更少。自此我也拥有了更多的自由时间和来自托德及团队的支持。我觉得每天的工作都充满了挑战，并常常被同事和客户激发出新的灵感。奈杰尔和他的领导团队非常鼓励创新，新的意见总是能被聆听和支持。

也就是这个时候，我才真正感觉到一个好的工作环境和公司文化对于创新的重要性。事实上，我过去工作的那两个地方有着截然不同的公司文化。于是在我离开广告业几年后创办 Inventium 的时候，最重要的一个任务就是理解为什么公司文化是创造力产生的沃土。

★★★

在 Inventium 的大部分时间，我都在和一群业界领袖讨论公司的发展问题，他们也认识到创新是公司发展的必由之路。我们讨论时，有个问题经常会出现："我如何创造一个适合创新的文化？"我很爱回答这个问题，因为这个领域已经有很多最新的科学研究告诉我们什么是有用的和什么是没用的。但遗憾的是，大多数公司选择的方法总是与正确的道路背道而驰。

很多公司领导在谈到"建立创新文化"时总会立即联想到谷歌、苹果之类的企业，他们会想象公司里摆满了乒乓球台和沙袋，以及有许多机会到郊区去做"蓝天"团建活动等。而我们的研究告诉我们，这些东西其实对于创建创新文化都是没有效果的。

通常情况下，那些流行的话和一些著名的商业书籍的声音总是比科学研究的声音要大，而那些充满了专业术语的、厚厚的论文期刊比满架子的流行心理书籍要更难获得。这本书就准备解决这个问题，给你一个经过科学证明的创造创新文化的方式，清晰而实用，这和那些沙袋无关。

《塑造创新文化》会带给你超过 100 个科学研究后得出的创造创新文化的方式，它将从个人、团队、领导和组织层面分别讨论这个问题。本书还会告诉你像 Etsy、可口可乐、通用电气和迪士尼这样的公司是如何成功并有效地创造创新文化的。

★★★

对创新文化领域的研究可谓方兴未艾、令人激动，所以我们不如立刻开始对这门科学的学习。在学术界有一个概念叫“英雄式研究”（Hero Study）——在这个领域所有研究者都会参考并引用的研究。一个研究要成为“英雄式研究”，需要在这个领域有显著的突破，或者整合了很多研究并有大量的数据支持。而创新文化领域的英雄式研究属于后者。

在2007年的研究《创意氛围：定量分析》中奥克拉荷马大学的塞缪尔·亨特和他的同事卡特里娜·比德尔、迈克尔·芒福德研究了哪种变量对创新文化具有最大的影响力，并建立了一个非常详细的文献检索。

他们首先调研了已发表的综合评述文章，然后又过了一遍所有有关创新和创意问题研究的主流学术文章。他们搜索了所有的主要研究数据库，并评估了所有的主要与心理学和管理学领域相关的会议，从中甄别出与之主题相关但尚未发表的会议论文。

但这样还不够，亨特还怕错过因为有效样本量太小而没有发表的文章（人们通常说的不“值得”发表的文章）。所以亨特和他的团队又通过文献搜索识别出过去10年中至少在创新文化方面发表了两篇文章的学者，他们联系了这些学者并询问了有关未发表文章的情况。

这次详尽的搜索共找到了88篇文章、会议论文和草稿。一位心理学家又评估了每篇文章并去除了那些没有使用合理方法的、没有把重点放在创新和文化关系上的和没有定量化的文章。于是有效的文章变成了42篇，代表了来自14 490个参与者的数据。

快速处理了这些数据以后，他们找到了14个对于创新文化有显著影响的变量（Variable）。这些变量都会在本书中被讨论到。

★★★

除了亨特的元分析（Meta-Analysis），《塑造创新文化》还引用了一些其他的元分析和个人研究中得出的对于创新文化重要的主导变量。这些变量会在本书中 4 个不同的部分被提到。

第 1 部分是讲作为个体需要做的事。这包括了可以在个人层面上影响的变量。如果你是一位经理，你可以利用这部分的内容来帮助你更有效地指导和训练团队，你也可以重新思考如何构建团队成员的角色、项目和奖励。如果你没有管理职责，你可以通过学习第 1 部分的内容来反思自己的角色和项目，并了解如何更好地让现有的工作变得有创造力。

第 2 部分主要讲团队层面的因素。团队中有不少可以操控的变量，如果你是一位经理并带领一个大团队，这部分内容可以指导你去思考团队中需要哪些变量。你可以回顾团队中现有的创新文化，并根据第 2 部分给出的建议来思考如何提高和优化这种文化。如果你不是管理者，也可以通过学习这部分内容来影响基层员工的工作方式。无论你是 2 人小组还是 20 人的团队，这里都有很多你可以整合到团队中的方法。

第 3 部分主要讲领导层面的因素。这里包含的研究和建议都是以切实可行的实例和建议来表述的，可以帮助领导者在他们的组织、部门和团队中培养创新文化。理解这部分中给出的贴士也会帮助你逐渐变成一位可以激发人们创新力的领导。

第 4 部分着重讨论组织层面上影响创新文化的变量。这部分内容相对来说是最有挑战的，因为其涉及的范围很大。如果你是组织的领导，则可以利用这部分里的建议来帮助其他中层领导做真正能提高创新文化的事。如果你没有管理职责，这些内容会教你如何播下创新的种子。

本书最后一章会提供下一步做什么的建议，并提出成为组织创新文化变革者的步骤。

★★★

现在，你可能想知道如何消化这14个创新文化的影响因素。同时，在读了这些章节后，你可能要问，如何有效地利用这14个改变创新文化的变量？

让我给你展示一些选择：

1. 在亨特的元分析中，研究者通过处理数据得出了一个变量影响力的排名。很显然，所有的变量都有影响力，但是影响的显著程度不一样。如果你想注重于最有影响力的几个变量，可以看第1、4、8、11、12章。
2. 完成一份基础的创新文化调查问卷。该问卷会提出一系列关于这本书中提到的文化影响因素的问题。如果你已经完全了解了你现在公司的优势和劣势，你将有效地进行创新方面的发展。所以，为了创新，我再次鼓励你去学习与创建创新文化有关的知识，并从中学会改变你的公司和你的工作方式。无论这种变化大小，我保证它们都会对提高创新产出提供显著的帮助。

目录

创新文化调查问卷

为快速了解组织的文化在不同层面的表现，花几分钟完成这份调查问卷。

请根据对以下选项的赞同程度，按照 1 ~ 5 的级别进行打分，1=非常不同意，2=不同意，3=没有意向，4=同意，5=非常同意。

个人层面的影响因素

1	人们觉得自己的角色有挑战，这种挑战不是那种小到无聊或大到接受不了	
2	我对自己的角色所面对的挑战感到兴奋	
3	组织里的人有足够的自由度去选择他们希望的方式来完成任务	
4	我觉得对自己的工作有掌控力	
5	在组织内，人们创造和实践创新的行为得到认可	
6	我在创新方面的努力得到了认可	
	总分	

团队层面的影响因素

7	我的团队经常互相分享不同的意见和想法，尽管有些观点是冲突的	
8	我在团队中对其他人表达反对意见时不会感到难堪	
9	我的团队会悉心聆听新的意见	
10	在我的团队中，人们总是会支持我的意见	
11	在我的组织中，跨部门的协作是很常见的	
12	我的组织经常与其他类型的公司合作，如大学和创业公司	
	总分	

领导层面的影响因素

13	我的经理鼓励我提出新的想法	
14	我的经理鼓励我去实施新的想法	
15	领导者不仅仅是口头上说创新，而是切实做到身体力行	
16	组织里的高管非常支持新的想法	
17	在组织里，人们有时间去探索创造性的想法，发现商业挑战的应对之道，并有时间挖掘各种潜在的商业机会	
18	组织里的领导们会为创造和实践新的想法提供资金	
19	在组织里，人们都很清楚应对商业挑战和把握商业机会需要他们的创新想法	
20	在组织里，人们都知道创造性表现的目标和预期	
	总分	

组织层面的影响因素

21	我们很愿意在追求创新性的想法中承担风险	
22	在组织里人们愿意把最疯狂的想法说出来	
23	在组织内部没有破坏性的政治斗争	
24	在组织里人们都互相支持	
25	在组织里每个人都被鼓励参与创新	
26	在组织里有明确的途径让我能把创新想法进一步推进	
27	我工作的环境中充满了自然光和绿色植物	
28	工作环境的布局适合组织和部门间互相交流沟通	
	总分	

下一步就是统计总分，把1~6（个人层面）、7~12（团队层面）、13~20（领导层面）和21~28（组织层面）的得分分别求和。

个人层面的影响因素（选项1～6）

低于平均分（1~10分）

你的分数说明，在影响创新文化的个人层面上还有很大程度的上升空间。你组织里的个人可能在以下至少一个方面表现薄弱。

挑战：为了能达到更好的创新效果，人们需要对工作感到有挑战性。如果人们感到闭着眼睛也能完成大部分工作，创新力就会降低。如果你对选项1和2的打分低于3，那么学习第1章能让你找到一些办法，使你在工作中加入更多的挑战。

自主权：自主权较低的人会感到时刻被管理着，而且觉得自己没有选择权来完成每天的任务。如果你在选项 3 和 4 中的得分低于 3，那么学习第 2 章会帮助你和组织里的其他成员提高自主权。

认可：如果你觉得自己和组织里的其他成员所做的工作没有被认可，你可能在选项 5 和 6 中的打分低于 3。无论是在个人、团队还是组织层面，获得认可都是创新文化的重要组成部分。如果你的组织中缺少了认可，那么学习第 3 章可以给你提供一些帮助，并告诉你如何将认可整合到工作中。

平均分（11~20 分）

某种程度上说，组织里的成员在工作中能感受到挑战，员工在规划每天的工作时有不错的自主权，一些员工对工作的创新贡献能够获得认可。好消息是，你的公司并没有低于平均水平，但还有很大的提高空间。

得分低于 3 分的选项

选项 1 和 2：第 1 章是个很好的开始。这一章解释了如何在组织里为个人创造更多的挑战氛围。如果员工经常在工作中感受不到挑战，那么创新力也会相应缺失。

选项 3 和 4：第 2 章会给出一些建议，告诉你如何帮助个人在工作中获得更大的自主权。如果人们感觉他们在工作中没有自由度，甚至无法选择他们想要工作的项目，那么创新力就会降低。

选项 5 和 6：第 3 章着重介绍了认可，你会通过阅读这一章受益。在个人进行创新尝试的时候给予认可是一个重要的影响因素，因为认可会激励人们继续追寻新的想法。

高于平均分（21~30 分）

你的分数说明，在个人层面上你的组织里存在挑战、自主权和认可这些影响因素。尽管这意味着你可以跳过一些章节，但我还是建议你看看第 1、2、3 章来找到进一步提高的方法。

团队层面的影响因素（选项 7~12）

低于平均分（1~10 分）

我建议你重点看看团队层面。在改进创新文化时，首先应该从你自己的团队开始，但组织里的每个团队也都应该聚焦以下 3 个要素。

辩论：你的分数说明你的团队不欢迎不同的意见。相反，组织里的团队推崇相似性并且团队成员对于团队性思考感到有罪恶感。第 4 章解释了为什么辩论如此重要，它关注于如何增加关于新想法的辩论，并提供了可行的方法来提高这方面的能力。

团队支持：有一个支持你和其他成员想法的团队对于促进创新文化是很重要的。你的分数表明你的团队里缺少这种支持。第 5 章会解释如何增强团队成员支持其他想法的环境氛围。

协作：你组织里的团队更倾向于独立工作，很少与其他的团队、部门或外界协作。第 6 章重点关注协作的重要性，并提供一些能更好地在团队之间协作的方式。

平均分（11~20 分）

你的团队环境在某种程度上是支持创新的。在团队中会有一些辩论，且不同的观点会得到鼓励。同时，你的团队内人们支持彼此的想法，并在团队之间有不少协作。但是，你的团队仍有进一步提升的空间来培养创新文化。

得分低于 3 分的选项

项目 7 和 8：在第 4 章介绍了为什么辩论和智力激发对于你的团队来说是重要的，解释了当团队成员都用同样的方式思考而不考虑主流以外的观点时会产生的问题。这一章还提供了实践性的建议来促进团队内部引发更多的辩论。

项目 9 和 10：在第 5 章讨论了如何创建一个人们都互相支持对方意见的环境。

项目 11 和 12：在第 6z 章你可以了解关于协作所发挥的重要作用，并了解如何鼓励团队间开展更多的协作。

高于平均分（21~30 分）

分数说明，你的团队和组织里的其他团队在创新方面可能进展顺利。如果你觉得现在的团队表现不错的话，可以跳过第 2 部分。当然，你还是可以读一下第 4、5、6 章，这样你能更好地提升这些因素，无论是你的团队还是组织里的其他团队都能从中获益。

领导层面的影响因素（项目 13~20）

低于平均分（1~14 分）

你的组织需要把努力方面集中在领导层面上，才能建立更好的创新文化。在领导层面有 4 个变量影响创新文化。

监管者支持：你的分数表明你组织里的监管者和管理者并不总是支持创新。

可能也有一些经理会以开放的心态倾听并帮助推进新想法，但他们往往只是例外。第 7 章会对你理解如何影响监管者和管理者在创新方面的支持很有帮助。

高管支持：组织里的高管不会对创新有特别的支持，这显然会是一个挑战（除非你自己就是高管）。第 8 章会提供一些实用的例子，说明其他组织的高管是如何有意识地鼓励创新的。

资源：你的分数说明组织里的领导并不会积极地对创新提供资源，这有可能会以提供不了足够的资金或者不能给员工提供充足的时间的形式表现出来。无论如何，这两种资源对于创新文化来说都是至关重要的。第 9 章就介绍了一些领导者如何进行资源分配创新的有效模式。

目标清晰：你对于努力的目标和挑战的了解程度是一个影响创新文化的重要因素。你的分数表明，你的组织内部缺乏清晰的创新目标。第 10 章会告诉你如何设立清晰的目标和任务，以及领导在制定这些目标时需要扮演的角色。

平均分（15~25 分）

你组织里的领导可能在鼓励创新方面做得还不错。可能有一些领导会格外支持创新，但也会有一些反对的声音。如果你组织里的领导不能共同支持创新，那么学习本书第 3 部分有关领导层面的内容应该对你很有帮助。

得分低于 3 分的选项：

选项 13 和 14：第 7 章可以帮助你理解在创新中监管者和管理者所发挥的支持作用。这一章解释了监管者在培养创新文化的过程中需要扮演的角色，以及他们应该如何去做。

选项 15 和 16：你组织里的高管对于创新的支持程度可能过低。第 8 章会告诉你一些关于为什么这个因素很重要的细节，并解释了如何影响高管使他们更加支持创新。

选项 17 和 18：在你的工作中，创新不能有效地获得相应的资源。第 9 章关注领导者该如何给创新提供资源，特别是给创新调配资金和人员。

选项 19 和 20：在你的组织中，为创新设定的目标还有改进的空间。第 10 章探索了设定清晰目标对于创新的重要性，这样员工才能对关注点和预期的效果有一个明确的了解。这一章还给领导者提供了一些实用的贴士。

高于平均分（26~40 分）

你组织里的领导在建立创新文化方面做得很好。你的分数表明了你组织里的监管者和管理者都很支持创新，而这一支持贯穿至最高管理层。另外，你的分数还表明了你组织里的领导可以有效地为创新提供资源，并通过分配资金和人员的方式来支持个人和团队开发创新项目。可以判断，你公司的领导很擅长设定清晰的目标来进行创新。

组织层面的影响因素（选项 21~28）

低于平均分（1~14 分）

把关注的重点放在组织层面的创新文化建设上对你的公司很重要。有 4 个变量会影响组织层面对于创新文化的影响。

承担风险：有一个愿意承担风险并且不会怪罪失败的企业文化是创新的重要部分。但是，构建这种环境对于大中型企业来说是一个不小的挑战，你的分数表明你的公司还没有这种环境。第 11 章讨论了改变企业文化的不同方式，让你和人们不再惧怕风险。

凝聚力：让每个人都觉得他们在“同一艘船上”并且感受到强大的凝聚力，这对于创新来说是很重要的。你的分数表明你的公司并非如此，员工、团队和部门之间经常产生冲突。第 12 章告诉你如何改造这种环境，让组织变得更有凝聚力。

参与：一个让人们感到都应该参与创新活动的环境对于创新来说是至关重要的。你的分数表明人们通常不被鼓励提出新的想法和追求创新。第 13 章分析了为什么这个因素很重要，并且介绍了其他组织是如何构建一种大家都能参与的办公环境的。

物理环境：我们平时工作的物理环境对于创新有重要的影响。遗憾的是，很多办公室都没有注意到这一点。另外，根据你的分数，你所在的公司好像也是其中之一。第 14 章讨论了一些可以改变物理环境的方法。

平均分（15~25 分）

你的分数表明，当涉及组织层面的影响因素时，你公司的表现还不错。你的公司可能在有些方面做得很好，但是在某些方面也有改进的余地。

得分低于 3 分的选项

选项 21 和 22：你的组织不是特别愿意承担风险，也不鼓励员工积极试错。第 11 章提供了一些提高组织层面对于风险承担态度的建议，而且还提供了一些实用的例子说明其他公司是如何成功地做到这一点的。

选项 23 和 24：组织的凝聚力可以变得更加强大。让组织里的人感觉到有凝聚力，对于创新文化来说是非常重要的。第 12 章讨论了这个概念，并提供了实用的方法增强公司的凝聚力。

选项 25 和 26：人们被鼓励参与创新和提出新想法。第 13 章介绍了很多方法，使你可以更好地促进员工积极地参与创新。

选项 27 和 28：组织的物理环境可能不太适合推动创新。第 14 章提供了一些不同的技巧，你可以利用它们改善办公环境，从而更好地促进创新。

高于平均分（26～40 分）

你的组织在各方面都表现得很好。你的公司非常善于鼓励人们去冒险，即使失败也没有关系。公司的物理环境能很好地促进创新，组织里的人们也感受到很强的凝聚力，他们觉得自己都是大团队中的一员。同时，公司鼓励员工积极参与创新活动并推动新的想法。你的高分数说明学习第 4 部分可能对你来说不是首要任务，但是第 11、12、13、14 章还是提供了一些实用的方法，使你可以更好地推进组织层面的创新。

第 1 部分

个人层面的影响因素

虽然很多人认为改变文化必须要从组织层面来实施，但是研究表明，在个人层面上也有很多可以受到影响的因素，特别是在驱动创新方面。如果你是一位管理者，这一章给你提供关于如何建立团队中的任务和项目体系的意见，还会建议你做一些可以有效地在你的团队中推动创新文化的尝试性活动。

如果你没有直接的管理职责，那么这一章可能对你来说是最重要的。无论是对于你个人还是你的同事，在下面 3 章中所包含的建议和想法是你实施创新的最佳策略。

我们从第 1 章开始“挑战”。在建立强大的创新文化过程中，最重要的因素之一就是个人需要对于他们所在做的工作感到有挑战性。第 1 章探索了什么是挑战，什么是适当的挑战目标并举例说明其他组织是如何为个人设置挑战的。第 2 章研究了自主权的话题。保证人们能感受到自由，并对于他们所做的事、正在解决的问题感到有掌控力是创新的重要驱动力。在与创新相关的文献中，给予个人自主权的需求总是一遍又一遍的出现。这一章提供了一些例子，说明给予个人自主权的实际意义，以及如何在组织中实践这些想法。

对个人的认可是个人层面上的最后一个驱动力。第 3 章描述了提供认可的意义和组织可以实施的不同方式。这一章还会提供一些其他组织在认可这个话题上的例子和灵感，并回答了关于资金奖励是否是一个有效的创新激励的问题。

第 1 章

挑战

刚刚好——找到最合适的等级

2001 年 9 月 7 日，星期五，也就是在两架飞机撞向世界贸易中心大楼的 4 天前，杰夫·伊梅尔特替代杰克·韦尔奇成为通用电气公司的 CEO。不恰当地说，他“选择”的时机实在是太差了。在过去的 20 年中，韦尔奇作为公司的领导者给通用电气的股东们带来了平均每年 23%的回报。韦尔奇的成功来自精明的并购和效率的提高，但是伊梅尔特觉得他应该采取不同的策略。在到任的头两年中，他专注于在研发（R&D）上面的投资，同时提升领导力并找寻新的成长机会。但是，在两年之后，收入和营业额却还停留在 2000 年的水平。

伊梅尔特知道他需要在组织成长方面进一步挖掘，他建立了一个通用电气现在还在传承的企业文化。伊梅尔特在 2003 年 9 月把通用电气各部门的市场总监汇聚一堂，并让他们写下 5 个想象突破点。这些举措被认为是可以为通用电气带来新成长的商业计划，并且这些计划必须在两个月内提交。在 2003 年 11 月，50 个想象突破口呈现给了伊梅尔特，其中 35 个获得了批准。

现在提出"想象突破口"（Imagination Breakthrough，IB）是通用电气各个部门领导者的核心职责之一。每个领导者每年都被要求提出 3 个 IB 的挑战，这些被定义为在 3 年内可以带来 1 亿美元增量增长的新项目。

IB 在通用电气中的优先级出奇得高，如果你被要求为 IB 项目工作，你必须把它放在所有工作的首位。这意味着虽然领导者面临每年提交 3 个 IB 的巨大挑战，但是他们同时也获得了足够的资源来应对这些挑战。

该项目启动 5 年后，IB 为通用电气公司带来了 30 亿美元的增量收入，同时公司也连续 14 个季度完成了增长目标。

★★★

对你的工作感到有挑战性是很重要的，很多研究表明，挑战总是与提高创新、创意能力联系在一起。在 2007 年的元分析《创意氛围：定量分析》中，塞缪尔·亨特和他的同事发现当员工在工作中感受到强烈的挑战时，这也会成为创新文化的重要驱动力。他们把挑战定义为"员工感到他们所做的工作和任务是有挑战性的、复杂的，但也是有趣的，同时工作量又没有超过他们能承受的极限"。你不是简单地给个人带来最大程度上的挑战，这一点很重要。你得保证你给他设定的挑战程度是在他可以接受的区间内。当然，从另一个层面来说，如果你设置的任务员工闭着眼睛就能完成，这种"挑战"则不会给创新文化带来一点好处。

那么为什么说挑战对于创新如此重要呢？答案就在克莱蒙特研究大学心理和管理系教授米哈里·契克森米哈的研究中。契克森米哈最出名的是他关于“心流”概念的研究。心流，或者称“一种完全投入的状态”，指的是对于任务的完全沉浸。如果你曾经思想高度集中地做一个项目，突然意识到一小时，或者几小时，很快就流逝了，你可能就已经处于“心流”的状态了。

如果你曾经思想高度集中地做一个项目，突然意识到一小时，或者几小时，很快就流逝了，你可能就已经处于“心流”的状态了。

简言之，要达到“心流”有两个前提条件。第一个是你所做的任务需要很高的技能；第二个是挑战，也就是说，你会认为这个工作是有挑战性的或困难的任务。米哈里·契克森米哈发现员工在44%的工作时间中体验到“心流”，在20%的时间中感到无聊。剩下 36%的时间则主要是焦虑。做一些有挑战性的项目和任务可帮你提高花在“心流”上的百分比——只要你有能力和技巧接受这项挑战。如果你没有的话，你可能感到只是更多的焦虑。

通用电气的想象突破就是一个很好的例子，它展现了如何让员工接受最适合的挑战。整体的挑战是一个挺大的目标——找到可以提供 1 亿美元增量增长的商业想法，不过领导者有一年的时间形成 3 个有增长潜力的理念。尽管挑战很大，但是领导者有足够的资源面对他们的挑战。

★★★

挑战和业绩（或者更准确地说是创新）之间的 U 形关系很早就被学者和研究者发现了。早在 1908 年，心理学家罗伯特·耶基斯和约翰·多德森，就发表了一篇论文挑战了人们之前对精神激励和业绩间关系的认知。他们发现强激励会提高简单任务的表现。也就是说，这是一个简单的线性关系：当人们越专注的时候，他们的表现力也越高。但是，他们也发现强激励实际上会降低人们对于复杂任务的表现力，而中等级别的激励才是提升任务表现力的最佳方式。而这个“倒 U”形的关系便是耶克斯-多德森定律（见图 1.1）。

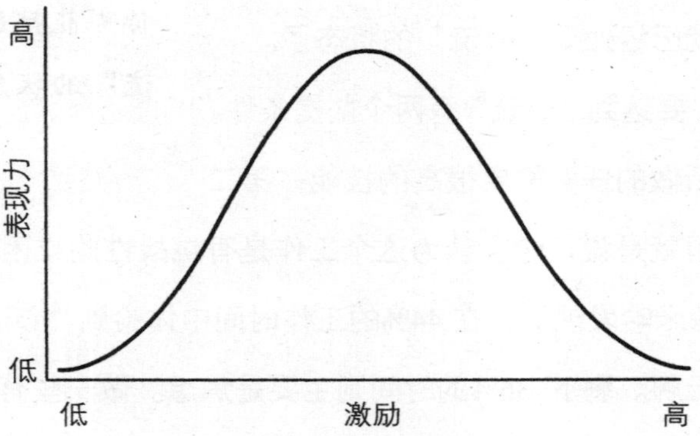

图 1.1　耶克斯-多德森定律

令人惊讶的是，耶克斯-多德森定律经常被研究者和公众所误读。很多人都完全忽视了其中最重要的一点，也就是“倒 U”形的关系只适用于复杂的任务，而不是简单任务。对于简单的任务，U 形曲线会更加平缓，因此当完成基础任务的时候（如刷牙）我们可以有更广的激励范围。

这些发现也带领我们去讨论下一个话题，即耶克斯-多德森定律如何运用在创新上。事实上无论是创新项目还是挑战，其中很重要的一个特点就是它们十分不简单。如果创新很简单，很多其他公司可能早就解决了问题并向前推进了。而正是由于需要创新的项目总是很困难的，所以把有相关技能的人员与创新项目相匹配就显得格外重要了，同时这些人员还需要有相关的资源来面对挑战。

在澳大利亚领先的国际马戏团巡游公司——欧兹（Circus Oz）马戏团中，其艺术总监兼联合 CEO 麦克·芬奇就曾表示，这种艺术形式的 DNA 里面就包含着创新。“每个动作都是挑战，有时候甚至会危及生命。如果不够专注，你就不可能完成。即使你已经做了 10 年的简单动作也是一种挑战。”

虽然在“医生脚灯”面前挑战变得相对容易一些，毕竟现场表演是由团队合作完成的。但在漫长的彩排期间要让演员感到有挑战性还是挺难的。芬奇常用的一种鼓励团员挑战自我和颠覆常规的方式是要求他们找一种已经掌握得很好的技能，并让他们改变其中的某个环节。

“我们有一个叫迈克尔·凌的表演者，”芬奇说道，“他已经在公司当了 28 年演员了。他会的其中一个技能是上一个摇摆杆，这个杆子是一个 6 米高的、有韧性的金属杆。我们曾经做的表演是把杆子装扮成路灯的样子，然后让他扮演成清洁工，爬上杆子清洁路灯。然后他会在杆顶做倒立，杆子也开始前后左右地摇摆，最后他还会向观众席上探身。”

“迈克尔还扮演过一位老人。迈克尔现在 40 多岁，但是他可以一瞬间变成一个小男孩或者 80 岁的老人。这两个角色他都已经很擅长扮演了。”

“我们希望给他的挑战就是让他把这两个完全不沾边的角色结合在一起。”我问道：“如果是一个老人站在摇摆杆上会怎么样？”“正是因为这个挑战，迈克尔呈现出了全新的表演。”

这个挑战最终演变成他们这一季彩排过程中的压轴节目。凌首先把自己打扮成一个老人，坐在轮椅上。然后，通过亦幻亦真的视觉特效，他突然就被传送到摇摆杆的顶端（这次是被装扮成椰子树），并坐在轮椅端。虽然增加了一些插曲，但是他最终还是站到了摇摆杆的顶端，装扮成老人的模样，并把两者结合在了一起。这些全新的点子无疑都源于那次询问："如果是一个老人站在一个 6 米高、左右摇摆的杆子上，还坐着轮椅会怎么样？"

"对于我来说，挑战不是把人们完全带出他们的舒适区或让他们感到恐惧，"芬奇说道，"它实际上只需要你做一些已经熟知的事，但是要换一种方式做而已。"

★★★

有很多的研究都支持，当个人面对有挑战性的工作时，会明显产生更多的创新成果。在哈佛大学的特蕾莎·阿玛贝尔教授和她的同事关于"评估创造力的工作环境"的研究中，他们调查了一家美国大型电力公司，研究挑战性工作对中层管理者的影响。这个研究首先要求每个管理者列出他们近 3 年来最有创意的项目和最没有创意的项目。同时管理者还被要求只能从以创新为结果导向的项目中来选。这一过程共产生了 306 个项目，每个项目都由一位独立的评委评估，以确认到底是不是真的可以产生创新成果。

这个研究的最后一个阶段，是找到在这些项目里工作过的人并询问他们的体验。其中一个问题就是问团队成员，在这个项目里工作时他们觉得有多少挑战性。特蕾莎·阿玛贝尔和她的同事发现，那些最终给项目带来创造性成果的人感觉在工作中受到的挑战会更显著。的确，工作是否具有挑战性是项目成果有无创造力的决定因素。

在另一个由特蕾莎·阿玛贝尔和斯坦利·克莱兹克维奇博士所领导的研究中，他们采访了 120 名研发人员，以了解他们的工作环境中什么是驱动创新的因素。这些研发人员被要求描述两个事件：一个是可以产生很高创新成果的项目，另一个则不是。然后他们被要求尽可能地描述这两个项目环境的区别。

在分析了所采集的数据后，特蕾莎·阿玛贝尔和斯坦利·克莱兹克维奇发现了项目之间有很大差别。很多研发人员都提到了高创新成果项目中所表现的挑战性。举例说明，其中一位科学家说，"我们曾经在一个情况下被告知，项目不可能完成，而其他公司也无法提供援助……所以这就很有挑战性，也给我们带来了动力"。

关于挑战力研究的另一个发现就是，这些挑战很少是由外部压力驱动的，而是从内部产生的。一位研发人员评论道:"挑战不是强加给他们的，而是他们自己感受到的。比如，有时虽然没有具体的截止日期，但他们仍会自发地产生紧迫感。"另一位参与者描述道："市场是充满竞争的，所以我们也感到不得不参与竞争。"

研究人员得出的结论是，用一个积极的心态来面对压力是创新的重要驱动力，同时这也是项目团队产生创新成果的重要驱动力。而且，更具体地说，如果这种压力是个人自发产生的，那么这种激励的能量则会更强。

★★★

来自伊利诺伊大学雷格·奥尔德汉姆和他的同事安妮·卡明斯着手进行了一项研究，探讨了工作的挑战性对于创造力表现的影响，来自 2 个制造型企业的 171 位员工参与了这项研究。这些参与者来自不同的工作领域，有设计工程师、制造工程师、设计草图员、工具制造员和技术人员。当员工被问及关于他们的工作和角色时，他们的监管者则被问及员工的创造性产出。具体来说，他们需要回答员工的工作成果有多大的创新性，他们写了多少个专利保密协议，以及员工在两年内对内部建议活动提出的意见是否被公司采纳。

奥尔德汉姆发现：员工对工作感到有挑战性和工作的复杂程度以及监管者对创造性产出的评估之间有重要联系。奥尔德汉姆还发现，当参与者具有创意人特征（如个人主义、不寻常和善于反思），如果他在工作中遇到挑战，那么就会导致提交给内部创新活动的建议数量有所增加。

在 2014 年的关于多个元分析的评论中，来自巴斯克大学的西尔维娅·达斯科塔和她的几名同事研究了人们承担挑战性和非挑战性角色之间的创造力差别。研究者发现，当人们面对挑战时，67%的人会展示出高于平均水平的创造力和创新能力。相比之下，只有 33%的人在简单的工作中会产生超过平均水平的创新力。

> **当人们面对挑战时，67%的人会展示出高于平均水平的创造力和创新能力。**

★★★

挑战性工作带来创新的增长，这个概念对于大部分人来说已经不陌生了。令人惊讶的是，在准确并且有效地把挑战性和任务复杂性与个人匹配方面还没有受到太多关注。当大部分管理者给团队布置任务时，他们首要考虑的问题是这个人是否有能力。很显然，能力是一个相关因素。然而，除了需要考虑能力（或者“时间”）之外，管理者还需要更细致地了解人们在工作中感到挑战性的程度，并据此布置任务。

当 Inventium 有新的工作时，我总是会考虑在我的团队中谁会因为工作而感到压力。很显然，有时候我仍然要把工作布置给感到工作比较直截了当的员工，因为那些对工作感到有挑战性的员工可能已经日程排满了。但是在给员工分配任务时，挑战性的问题总是要加以平衡。在 Inventium 中我们考虑的另一个因素就是我们的创新咨询师分别花多少时间在客户的工作上和专业发展活动上。我们尝试着保证每名员工每周有不超过 3 天放在客户工作上，这样每周就能剩下一天去做商务拓展，剩下的时间则用来参与发展活动——这通常包括学习或创造新的知识资产（这不可避免的是一个挑战）。另外，我的团队最近又组织了一个每月的活动叫“个人发展黑客”（Personal Development Hacks）。我们每个月组织大家到一个新的户外环境，坐在一起然后开展发展活动。（上个月我们去了一个当地的博物馆。）

如果你不是管理者身份，即使你是，也最好定期花点时间回想在你的工作中有没有感到挑战性。如果你觉得大部分你面对的项目即使把双手绑在背后，都可以轻松完成，那么跟你的经理聊一下并让他给你一些更有挑战性的工作。同样，如果你觉得给你布置的工作会给你带来过大的压力，这可能是由于缺乏足够的技能和资源导致的，那么你也应该找经理聊聊，让他在你的工作中布置一些更实际的挑战。

关键点

- 把挑战的程度与个人的技能水平匹配是找到最优级别挑战的关键，这样才能进入一种“连贯”状态。
- 当你给团队制定挑战时，保证他们能获得可以完成挑战所需要的资源。如果他们没获得的话，挑战反而会给创新带来更多的压力。
- 如果你是管理者，花点时间去仔细思考你是如何给员工布置任务和项目的。确保你考虑到了这些因素并让员工感到有明显的挑战性。
- 如果你的管理者没有给你提供足够的挑战（或者反过来说，如果他们提供了过多的挑战），那么说出来，然后共同来找到最优的平衡。

第 2 章

自主权

你应该松开缰绳吗

想象你是 Etsy 公司（电子商务公司）的一名开发者。Etsy 是一个全世界的人可以通过线上线下连接并买卖特殊商品的平台，它有 150 万名卖家和约 220 万名活跃买家，在 2014 年完成总销售额近 20 亿美元。所以你可以说它做得不错。

现在假设你无意间发现了一个 Etsy 网站的问题，或许你也有改善这个问题的方法。在大部分组织中，你可能会告诉你的经理问题所在，然后你的经理会告诉他的经理，在几个星期以后你可能才获得改进的许可。简单来说，你只有非常有限的能力去做你认为重要的改变。

在 Etsy，事情就完全不一样了。当我在纽约布鲁克林办公室见到 Etsy 的 CEO 兼主席柴德·迪克森时，他告诉我任何人在任何团队中都可以随时对 Etsy 网站进行修改，如果他们觉得需要的话（访谈时 Etsy.com 每月有 4 000 万次的访问量，在撰写本书时月访问量已经达到 6 000 万次）。

“我们在工程师团队里实行了一种叫作持续开发的政策，”迪克森解释道，“这是一种比较花哨的说法，来形容我们给每个软件工程师和产品经理可以在任何时间去修改网站的权力。在2009年我们刚开始这个行动的时候，并没有很多公司这么做。正常情况下，网站都是每两个星期发布一次，而我们发布或者进行代码修改达到每天35次（后期甚至提高到每天50次）。最令人兴奋的是，没有中央权力部门去监管发布的事情。”

在实际工作中，Etsy的开发者们会互相管理新的发布。“如果我是一名开发者并且正在修改网站，我会进入一个所谓的推送队列。我会告诉所有人我即将推送代码，于是就好像所有的邻居都在观察你。”迪克森说。

每一个在Etsy的人都有权力这么做，且不需要特别的授权，这非常、非常去中心化，也非常、非常快。如果你有机会来Etsy在布鲁克林的办公室参观的话，你会发现很多监视器上显示着不同种类的图表和图像展示当天代码修改的情况。

通过这种持续开发，Etsy的团队总是在进行试验和收集数据。“我们能够把东西推出去并测试，推出去，测试，推出去，测试，以很快的节奏。”迪克森说道，“我们能够连续不断地学习产品并把它修改得更好。如果你的发布周期是两周，那么你只能每两周学习新的东西。但是在我们这里，你每20分钟就能学习新知识，这真的让人感到兴奋。”

持续开发的最后一个关键好处在于，这种方式会更倾向于行动。在一个每两周（或者每个月）才发布一次的组织中，人们关于优化的建议很容易就淹没在噪声当中。“我认为当你可以随时开发代码和改变代码时，这会让说‘我们应该这么做’变得很难，因为答案是‘就这么做吧’。”迪克森说道。

> **因为给了组织里的每个人可以真正改变的权力，创新能力也会显著增强。**

因为给了组织里的每个人可以真正改变的权力，创新能力也会显著增强。你可能会想：我肯定不会相信我的团队会对一个每月 4 000 万次流量的网站做出变动。但是想想一个 Etsy 开发者的观点：如果没有足够的信心让网站变好的话，那么他们也不会去修改，因为所有的眼睛都在看着你。

Etsy 当然不是唯一鼓励持续开发的大型网络组织。Vimeo 是世界上最大的视频分享网站之一，它也有一模一样的政策，Vimeo.com 每天都会产生 30 次变化。

"你不能追踪到所有正在发生的推送，因为它们都在被持续调整、持续升级。我们只是尽量不在周五下午做。" Vimeo 的主席戴耶·梅伦坎普说道。

持续开发的重要性就在于，它在工作基础上赋予了员工自主权。人们有自由度去调整他们认为需要调整的地方，并在他们认为适合的地方进行完善。持续开发不需要管理者授权，也不需要管理者告诉员工怎么做。

★★★

很多研究者发现当员工被给予自由去决定他们该如何工作时，创造力会急剧地增加。当人们感到他们可以选择一件事完成的方式时，他们会显著地更倾向于试错，并通过这个过程找到更有效率的工作方式。

如果你在一家像 Etsy 或 Vimeo 那样的互联网公司工作，这个想法就很容易实现。但是如果你在类似制造型企业这样的地方工作时，可能就会遇到一些挑战。持续开发的窍门就是想清楚它能解决的核心问题。实际上，这意味着给员工自由度直接做那些消费者能体验到的改变（无论是外在的还是内在的），而无须首先通过管理层的认可。

比如说，这可能会牵涉给员工自由度改变内部流程，它可能还会给公司的举措带来改变。所以值得去想一想，贵公司的持续开发形式会是什么样的。欧兹马戏团的艺术总监兼联合 CEO 麦克·芬奇描述到，每一个表演季都好像持续开发一样，“其实我们就像每晚都在更新一款软件，并且是在演出的每一个节点上进行更新。马戏团演出最棒的一点就是，你有一个焦点团队会对你的每个产品‘装载’现场反馈”。

在表演季，每天一次或有时两次，马戏团的成员会坐在一起听总监发表 20 分钟的讲话。“有的时候这很实用，”芬奇解释道，“比如，有的时候需要在今晚的表演中删减一部分，所以索具工需要在正确的时间打上那个结。”一旦定下来了，你要很连贯地表演并以团队的形式演出。我们经常会花时间跟整个团队说：“让我们来试些新的！”又比如，我们在这个节点上换一个倾斜的方向？你可能只会与团队做个简单的 10~15 分钟的彩排，同时每个人都会提出改进表演的建议并尝试不同的想法。

时间长了以后，如果你的团队一直没变并且结构也相同，这场表演就会变得越来越紧凑，更有效率，更有趣，同时又高潮迭起。

Etsy、Vimeo 和欧兹马戏团都是一些包含了给予员工很大程度自主权的例子。同时，提供自主权给个人是创新文化的重要驱动力。

★★★

自主权可以给人们选择权而不是告诉他们去做什么。在《如何杀死创造力》（*How to Kill Creativity*）一书中，哈佛大学的教授特蕾莎·阿玛贝尔描述道：

“给予，指的是过程，不一定是结果。换句话说，如果给他们自由度去决定如何爬这座山，人们会更有创造力。你不需要让他们选择哪座山去爬，实际上，清晰的战略目标经常会提高人们的创造力。”

有很多的研究都是关于自主权对创造力表现的影响，研究范围从孩童时期到成人时期。这些研究发现，自主权不仅会驱动成年人的创新能力，而且它还会对两三岁的孩童有作用。

在其中的一项研究中，特蕾莎·阿玛贝尔和她的同事朱迪斯·吉特默尔测试了任务自主权对于 2~6 岁学龄前儿童的影响。他们把孩子们分成两个组。每个组都被要求去创作自己的拼贴画——必须有一个明显的差别。第 1 组孩子被给予了可以选择任何材料的权力，而第 2 组则只能用事先规定好的材料。也就是说，第 2 组没有选择权。专业的艺术家会评估每幅拼贴画的创造力。毫无疑问，第 1 组孩子的拼贴画被认为明显更有创造力。特蕾莎·阿玛贝尔和吉特默尔总结出，正是因为给孩子们自主权带来了创造力上的明显提高。

在成年人方面，也有很多研究表明自主权和创造力表现之间有着清晰的关系。例如，戴安娜·克劳斯在 2004 年做的关于部分德国公司的研究，就调查了 399 位中层管理者被赋予自主权以后的影响。克劳斯发现，那些被给予很高的自由度去选择如何完成任务的员工，产生并转化了明显更多的想法。

在另一项研究中，谢菲尔德大学的心理学家卡洛琳·阿克斯塔尔博士和她的同事对 148 名在英格兰北部一家饮料公司工作的机器操作员进行了调查。研究者询问这些员工他们觉得自己有多少角色掌控权和对于任务的掌控力。研究者还问了关于新想法的种类和他们建议并实施的过程优化措施的问题。虽然自主权没有对想法的具体实施产生影响，但是它却明显影响了机器操作员提出建议的数量。可见，员工越有自由度，他们可能会对团队和管理者提出越多的想法和优化建议。

★★★

麻省理工学院的埃伦·格林伯格教授感兴趣的是，自主权对创造性工作者的影响，具体来说，她尤其关注时装设计师。格林伯格的研究包括了 96 名美国时装专业的学生，他们都被给予不同级别的关于制作正式场合裙装的选择。有一部分学生被告知裙装的设计对象（如皇后），另一部分学生则需要从一个列表的女性形象中选择设计对象。除了给予裙装设计对象的选择权以外，一些学生还被给予了完工截止日的灵活度，而另一些学生则被更严格地监管。

所有裙装的创意程度都由 3 位时装专家来评定。与格林伯格的假设一样，被给予设计对象选择权的学生制作了明显更有创意的裙子。但是，令人惊讶的是，可以自由选择截止日期的学生并没有在创意产出上发生改变，而那些被更严格监管的学生也没有。这项研究表明了，自主权中最重要的一点是执行者在实际任务中有自由度，而不是任务的时间和他们管理者的监管程度。

自主权中最重要的一点是执行者在实际任务中有自由度，而不是任务的时间和他们管理者的监管程度。

巴斯克大学的西尔维娅·达斯科塔和她的同事调研了在自主权高低有别的角色中创新表现上的差别。研究者发现，在高度自治的角色中 63%的人会展现超过平均水平的创造力和创新表现。相比之下，在有限自治的角色中，只有37%的人会显示出超过平均水平的创新能力。

你在执行任务中获得自主权的经验越多，自主权所带来的创新表现就会越好。卡耐基梅隆大学的昌金武和他的同事通过对148名韩国大学生的调研测试了这个观点，学生们被分成两组，并被邀请参与实验室中的3个创意问题解决任务。第1组可以自由选择他们花在每个任务上的时间，并被允许在任务之间切换和改变。第2组被要求花固定的时间在每个任务上，并按照顺序一个一个完成。昌金武和他的同事发现，在完成解决创意问题任务时那些被给予自主权的学生的创意表现明显更好。但是，那些之前没有被给予自由度的学生在给了自主权以后，并没有展现与第1组一样的创意表现。这里给管理者的建议就是，如果你之前没有给一个团队足够的自由度，那就不要期望在开始提供自主权以后产生一个突然提高的结果。人们需要去体验自主权，并通过积累经验获得对自己选择的信心，这样才能在创造力上有显著提高。

★★★

并不仅仅是创新表现会从自主权上获得益处，研究表明自主权对普通工作的表现也会有正向影响。MIT的创业学教授理查德·洛克和他的同事就做了一项研究，比较两家都为耐克生产T恤的墨西哥工厂。这两家工厂很相似，它们给耐克提供的产品都一样，并通过相同的操作准则生产。但是在生产和生产力方面，这两家工厂却截然不同。

在工厂A中，员工拥有很多的自由度和自主权。员工会针对各种问题提供他们的观点，从生产目标到日程安排等。加班的决定权由员工自己把握，并且工作的地点充满了协作精神。相比之下，工厂 B 的等级非常制度化。它们的订单都是由上层独裁式安排的，员工几乎没有自由度，加班也是强制的而不是自愿的。

工厂 A 的员工自然有较高的满意度，在生产力上的差别则更令人惊讶。工厂 B 每生产一件 T 恤的平均劳动成本是 18 美分，而工厂 A 只有 11 美分，较前者低了 40%。另外，工厂 A 的员工平均每天可以生产 150 件 T 恤，而工厂 B 每天只能生产 80 件。

在 Inventium，我总是对团队自主权特别关注。但是，让别人来决定如何以最佳的方式完成任务对我来说并不是易事。我天生是个完美主义者，而完美主义者不擅长委托他人或为他人提供自主权，因为在完美主义者的脑海中，没人能够完美地完成任务。

招聘适合的员工成了我提供团队自主权的关键。我总是尝试招聘在某些方面比我聪明的员工。举例来说，我团队中的两个女性员工拥有世界顶级商学院的 MBA 学位，同时，我们还招聘拥有经济学硕士学位的员工。我知道如果我给这些人设定一个他们擅长领域的项目，如商业战略和动作，他们会做得比我更好，这也让我更容易给予他们自主权。

我们最近招聘了一些前苹果公司的员工，他们对提高 Inventium 在电脑领域的实力有着无限的价值（还没有提他们最近几个月帮我修了几次苹果电脑）。如果不能完全信任别人或者想象别人在某些方面更加聪明的话，那么管理者很难赋予员工他们所需要的自由度。

管理者可能在一些地方错误地管理自主权。首先，一些管理者没有给人们设定清晰的目标。很多研究都表明，单纯的自主权并不足以驱动创新，如果人们不知道他们的目标是什么，那么全世界的自由度都不会帮他们变得有创造力。重要的是，除非设定清晰的目标和战略，不然自由度就没有意义（参考第 10 章可以看到如何保证人们有清晰目标的建议）。当你确保人们知道他们的目标以后，你可以给他们工作上的自由度，让他们自己找到完成工作的最佳路径。

其次，管理者常犯的关于自主权的错误是改变目标。想象一下，你已经设定好了一个目标，并已经给予了人们自由度去达成目标。但是，当目标在执行过程中突然改变了，这就会给人们带来强大的挫折感。改变目标通常会让人们已经完成的工作变得无用，并降低了自主权带来的益处。

最后，一些管理者只是口头上给予自主权。他们说给员工自由度，但实际上他们已经规定好了员工在执行过程中需要遵守的框架，从而达到预设的目标。如果你遇到这样一位管理者，你可以礼貌地提醒他关注这个矛盾点，因为这对创意工作是起反作用的。

如果你是一位管理者并正在读这本书，希望你能找到这些问题的解药。首先，你需要确保你给团队里的每个人都设定了清晰的目标。缺少清晰的目标，自主权就没什么用了。其次，你需要确保你没有改变目标，因为这么做只会带来挫折感，无论你给了多少自由度。最后，不要掉到一个你嘴上说要给员工自由度，但实际上你还在主宰每个项目进程的陷阱当中。

缺少清晰的目标，自主权就没什么用了。

★★★

上面提到过，提高自主权最好的办法之一就是设定清晰的目标。这个目标就像焦点一样可以平衡自主权，这也是很多研究中提到的重要的创新驱动力。

在 Etsy，其中一种衡量成功的标准是通过商品销售总额，也就是在市场中卖掉的产品的总价值。迪克森解释道："我们认为当卖家还在卖的时候，就说明一切都很好。"

"我做的仅仅是定下数字目标。我们在 Etsy 里面有 15～16 个团队，我会告诉他们目标是什么，但并不给他们任何指导建议去达成这个目标。通过这种方式，我发现了人们会拿出自己的计划，同时也感到在他们的计划里，他们投入了很多。"

Netflix 的 CEO 里德·哈斯廷斯提到了管理者设定条件但并不控制的重要性。哈斯廷斯描述到，条件是用来保证员工对策略和目标都清晰，并了解成功是如何评估的。清晰明了的角色定义和透明化的决策过程都能提供清晰的条件，所以，当事情出问题时与其怪罪员工，倒不如问问管理者自己"我设定的条件是不是有问题"。

相比较仅仅在工作任务条件中考虑自主权和自由度，还不如通过公司政策来提供自主权。最近就有一个公司对于传统的独家政策的变化潮流，改变成让员工完全根据自己的需求来决定，Netflix 就是一家选择向这个方向发展的公司。

哈斯廷斯向世界分享了这个策略，并通过上传到 Slideshare 的演讲吸引了超过 1 100 万次的观看量。除了别的一些事情，该演讲主要说了 Netflix 员工被给予的大量自由度。在演讲中，哈斯廷斯说道："我们的模式是在公司成长过程中，同时也增加员工自由度，而不是限制员工自由度，这样才能持续吸引创新型人才，才能保持公司持续成功。”但是，Netflix 的昭示有一些争议的地方就是，作为一家每年有超过 50 亿美元销售额和超过 2 000 名员工的公司，并没有追踪记录每年的离职率。同时，公司没有休假政策，你在需要的时候就可以休假。另外，与其他大公司不一样的是，员工的花费和补贴也都没有复杂的政策，而是简单地用一句话概括：“只要是为 Netflix 的最大利益着想。”

★★★

如果你是员工，但是你的管理者却不给你自由度，你该怎么办？你可能会边读边想：“我的经理绝不会给我自由度，他曾经是，也一直会是一位‘事无巨细’的管理者。”不过好消息是，你还有希望！

教育心理学教授尚塔尔·莱维斯克和她的同事吕克·佩尔蒂埃希望探索自由的感觉是否可以被制造，即使面对的是一位“事无巨细”的管理者。莱维斯克和佩尔蒂埃邀请人们去他们的实验室，并将被邀请人分成两组。第一组人被要求读一些句子，包括责任的概念和与缺少自主权相关的词，如“被强制的”“被施加压力的”和“被控制的”。第二组人被要求去读一些含有自主权和与自由相关的词，比如“专心致志”“感兴趣的”“高兴的”和“挑战”。读这些词的目的是让这些参与者感受到自主权，或者像第一组那样感受到缺乏自主权。

莱维斯克和佩尔蒂埃发现了两组间有非常明显的区别。那些通过读和自主权相关的词而感受到自主权的人，会明显感受到更有积极性去参与任务。相反地，那些读了跟责任相关的词的人，会在完成任务的过程中感受到更少的动力。这个研究表现出如果你不幸遇到一位不愿在工作中给予自由度的管理者，那么你也可以通过读和自主权相关的词或故事来让你进入那种状态。

我们关于自主权的最后一个观点来自谷歌人事副总裁拉兹洛·博克所著的《重新定义团队》(*Work Rules!*)。博克说道，谷歌文化的一个重要指引准则是鼓励每个人“像创始人一样”。对于任何一个组织或者角色，人们都有权选择要么像员工一样，要么像创始人一样。注意这里“像创始人一样”并不一定指公司的创始人，他也可能意味着团队或项目的创始人。但是归根结底，这让人们在他们所在的环境中更加负责任，也就是说与其等着去被给予自主权，还不如自己去争取。另外，当人们像创始人一样和公司的利益完全联结在一起时（像 Netflix 鼓励员工去做的那样），很棒的事情就会发生。

关键点

- 给员工决定如何工作和完成任务的自由度。
- 在你给予自由度和自主权时确保设定清晰的目标。如果这样的话，那么执行力就会显著提高。
- 招聘一些在某些方面比你聪明的人，这样你就可以更轻松地给他们自由度去完成任务。
- 考虑你如何通过公司政策指引人们拥有更多自主权。
- 考虑一下你公司的持续开发模式是什么样的。你如何给你的团队一个改变的权限，在得到管理者的认可之前可以首先与消费者接触。
- 如果其他的全失败了，并且在工作上你被限制住了自由度，你还可以通过一些人为的方式来提高自主权的感知。花几分钟让你的思想专注在自由度和自主权相关的概念上。

第3章

认可

钱和奖章，哪一个更好用

如果你喜欢关于吃喝玩乐地方的好建议，那么你可能在某个时间用过 Foursquare 的手机应用。Foursquare 是一家 2009 年创立的手机应用公司，该软件已经帮助超过 4 500 万的用户找到他们所在地的吃喝玩乐地点。Foursquare 的纽约办公室看上去就跟地球上任何一家成功的手机应用企业的办公室一样，室内有明亮的灯光，发光的地板和长长的多用途桌子。在一块黑板上还写有 Foursquare 的创办历程（当然是在一张乒乓球桌的后面），这个历程包括了公司短暂历史中间每一个里程碑的细节。甚至，会议室都是以用户可以在 Foursquare 获得的模块来命名。另外，办公室里还有一些伦敦式的电话亭以供员工进行私密对话。

伊文·科恩从 Foursqure 的诞生到变成纽约最有名的创业公司之一的过程中就一直是 COO（2010—2014 年）。该公司现在有了 200 名员工，已经很难再把它当成创业公司了。在 Foursquare，认可是在创造一个创新文化当中最重要的一部分。

“每个月的第二个星期五是工程师的展示日，”科恩解释道，“我们在主房间有个会议，虽然只是让工程师展示，但是很多其他人也会来。”工程师们把笔记本电脑连接到大屏幕上，并开始展示他们最近在做的东西。注意，正在做的东西最重要，而不是展示“这个已经完成了”的。

虽然我们传统上认为认可是应该由管理者提供的，但是在 Foursquare，同事的认可也同样重要。“这些都是很有趣的过程，但是他们也面对了不少同伴的压力来给人们展示一些酷炫的东西。工程师们都很享受那种可以让人们兴奋的感觉，并展示他们的进展相比两周前是变酷了多少。忘掉你的老板吧，40 位同事在看着你呢！尽管有同伴的压力，但这是一个真正互相支持的环境。”

美国本土的软件公司 Intuit 对待认可和创新非常认真。公司设立了几种不同种类的奖项，以认可产生完美创新力的员工。Intuit 奖项的最高荣誉是创始人创新奖，这是由 Intuit 的创始人斯科特·库克和 CEO 布拉德·史密斯所颁发的。创始人创新奖有 100 万美元（一半是现金，一半是股票），这个奖项是为了认可那些给公司成长产生杰出贡献的员工。虽然这个奖项包括了大量的现金奖，但获得认可也是很大的荣誉。

Intuit 实验室的副主席休·莫罗茨在 2011 年获得了这个奖项，由于他对 Intuit 支付解决方案的贡献，这个计划现在每年给销售额贡献了 1 亿美元。

除了创始人创新奖，还有斯科特·库克创新奖（这个是年度颁发的），这个奖是斯科特·库克在公司全员参加的年度领导力论坛上颁发的。该奖项颁给那些为公司带来创新的并给 Intuit 的 3 个受益群体之一（员工、消费者或股东）带来好处的团队。

“如果有人造了一样东西并投入市场，且消费者已经开始用了，那么他们就有资格获得这个创新奖，”莫罗茨解释道，“同样，如果有人做了一些可以改进内部流程并让员工更有效率的工作，他们也有资格获得奖项。”

“现在，正如我们所说，有个提名过程正在进行中，他们在整个公司内征集提名，且每个人都可以提名某个人。他们一开始有一个审查的过程，然后他们就提交 5~15 个这种创新奖。这是一件很大的事情，因为这个奖很有名，这是一种全公司范围内的认可。”

获奖者会在创新名人墙上获得一个位置，并有和高管团队的晚餐机会以及一个费用全包的去美国任何一个地方的 3 天假期。不过除了获奖外，他们还被给予 3 个月的时间在他们所选择的创新项目上继续工作。

★★★

认可在很长时间内都被认为是驱动员工参与度的重要因素，但是它也是创建创新文化的一个重要影响因素。要理解为什么认可和奖励——更重要的是为什么特别种类的认可和奖励——对于驱动创新是如此强大，有些心理学的核心概念可以解释：内在和外在的动力。

外在动力发生在当人们因为做了某种行为而获得的外在结果。举例来说，个人可能在某个月特别努力地工作，因为要审查薪资了，他们知道如果这么做的话他们的薪资可能会增加。

而内在动力的产生来自人们因为内部驱动力而参与的行为或者活动，

比如为了享受或满足。当人们具有内在动力时，他们的行为会明显比外在动力驱动的行为要更持久。外在动力的主要问题就在于，一旦结果或奖励结束了动力也就消失了。

在20世纪60年代，人们认为两种动力是可以共同工作并相互叠加的，即一种动力的增加会积极影响另一种动力的增加。但是我们现在所知道的，主要来自罗切斯特大学心理学教授爱德华·德西所做的工作，他的结论是：外在奖励其实会减少内在动力，特别是当外在奖励减少了个人层面选择权和自主权的限制时。这个规则中最大的例外就是，积极的表现力评估或者认可，其实可以增加内在动力。

说到创新，组织会通过两种方式“奖励”表现力：第一，是通过公开的公司范围内的奖励项目或私下管理者和员工的沟通来给予认可；第二，是提供资金激励。

> 公开和私下的认可均能显著地提高人们工作产出的创新水平。

大部分研究都集中于两种奖励的影响和找出哪一种方式对以下两者更加有效：① 提高个人动力去创新；② 促进创新文化。像特蕾莎·阿玛贝尔教授这样的研究者一再发现，认可在驱动创新力中有着举足轻重的作用。公开和私下的认可均能显著地提高人们工作产出的创新水平，同时还能加强组织对于支持创新文化的感知能力。资金奖励可以是支持和认可的一部分，而简单的认可（后面会详细解释）会成为更加强大的激励源。

★★★

可口可乐阿马提尔是世界上 5 大可口可乐装瓶公司之一，它每年都会颁发创新年度奖。该组织里的每个人都可以提名一项创新 Innov8 奖（根据公司的创新项目命名)，这个奖项十分出名，它为那些对公司做出卓越贡献的人提供了巨大的认可。

Innov8 项目的创立者和领导者戴瑞克·奥冬奈尔还记得这个奖对于获奖员工的影响力有多大，甚至在第一年发生的事。这名员工在可口可乐阿马提尔北方工厂工作，这个地方是印第安人保留区。这名员工当时已经 50 多岁了，他在去领奖的时候精心打扮了一番，穿着考究的西装还带着包头巾(伊斯兰教徒式的)。戴瑞克·奥冬奈尔说："他在当晚结束后走到我面前，他因为得了这个奖而老泪横流。他跟我说道：'我真的很谢谢你。'我告诉他：'不用不用，你不需要感谢我，是你真正获得了这个奖。'他答道：'不，你不明白。我的孩子(17 岁和 19 岁)一直都在获得各种奖状。在上学过程中，他们不断地往家里拿各种奖杯和证书，我也很为他们感到骄傲。而这是我作为父亲，第一次往家里拿回一个奖，并可以告诉家人我赢得了这个奖。'"

戴瑞克·奥冬奈尔记得他为员工感到特别兴奋，并第二天打电话给他："你昨晚和你家人怎么庆祝的？"他答道："当我回家的时候，已经凌晨了，我叫醒了孩子们并庆祝了一番，直到很晚才睡觉。"

"我一开始很吃惊，毕竟他其实是个比较内向的人，安静地在公司工作了差不多 25 年。他有一些不错的想法，但并不是特别自信地去表达。Innov8 项目和奖项就可以让他的声音被听到和认可，荣誉上的影响对他来说非常大。"

可口可乐阿马提尔另一种提供对于好主意认可的方式是通过一个叫作 Innov8 小时的活动。Innov8 小时让公司里正在研究创新的个人和团队有机会通过 5~10 分钟的时间向同事展示自己的工作。一个典型的 Innov8 小时会首先由一位公司的高级领导者阐述为什么创新对于可口可乐阿马提尔很重要，然后就由几个创新团队去做短演讲，并留下一些时间让大家围绕创新话题进行讨论。Innov8 小时曾经吸引过 100 个人。

"创新是一种职业压力的释放，"戴瑞克·奥冬奈尔说道："因为它让你可以积极地讨论如何解决问题，或者讨论如何把新想法从纸面上带到生活中。参与 Innov8 小时的人都像注入了能量一样，即使他们不是演讲者。人们参与活动时都是带着正能量来的，所以这个项目不仅仅是给人们机会去感到被承认和被尊重的渠道，还给参与的观众带来了很多的能量，并让他们理解创新的重要性。"

除了对于创新的内部认可，戴瑞克·奥冬奈尔说他们几年前就在公司中开始考虑超越内部活动的认可方式。戴瑞克·奥冬奈尔觉得，需要在创新之旅中去考虑公司最大的供应商方面的自然进化。所以在 2010 年，可口可乐阿马提尔的年度供应商奖发布了。公司的顶级供应商们都被邀请参与，并写出他们帮助过可口可乐阿马提尔公司的最有创新力的产品，获奖者会在一个盛大的颁奖典礼上被宣布。

供应商关系在之前更多的被认为是业务性质的，他们被希望提供极好的产品和服务，这基本上也是基于最具成本效益和最高质量来评估的。但是通过邀请供应商网络参与到创新中，Innov8 更加繁荣了。"可以用到他们的智慧实在是太美妙了，"戴瑞克·奥冬奈尔说道，"他们核心部门的所有技术精英帮助公司和我们的客户解决了问题，这也带来了极高的价值。"

★★★

几年前我和澳大利亚一个大型政府控股企业的创新总监开过一次会。她开始告诉我关于他们公司迅速成长的创新项目，随后，她又告诉我他们最近刚上线的线上意见箱是用来尽可能多地收集意见。我问她你是如何要求员工来提出意见的。“每个意见我们给人们付 10 块钱。”她答道。“你们现在有多少意见了？”我问道。“几百个，这是一个非常受欢迎的项目。”我然后又问她这些意见的质量怎么样。“老实说，并没有很多高质量的意见。人们提了一些比如周五加点免费水果，员工洗手间的纸弄薄一点之类的意见。我至今没有看到可以真正给公司带来改变的东西。”她回答道。

我并不对她的回答感到意外，但我对她在另一件事上的想法很好奇。

“你认为如果停止给员工 10 美元支付每个意见，会怎么样？”我问道。

她考虑了一会儿答道：“我们可能再也得不到意见了。”

一些关于资金奖励对创新影响的研究也佐证了这个现象，虽然两者的关系并不是完全直接的。中国人民大学的周禹和他的同事调查了有关资金奖励的影响，比如提高薪酬、绩效奖金和团队奖金等，对于创新行为的影响。他们还研究了非资金奖励对创新工作的影响，比如得到认可。来自不同中国公司的 216 名员工被招募到这次研究中并被问及他们在自己的组织中是如何被认可和奖励的。另外，他们也被问到他们对于自己的创新行为的反应。

周禹和他的同事发现资金奖励的确会带来创新行为的增加，但是资金奖励与创新行为并非完全正相关。他们发现了两个变量之间的一种 U 形关系，也就是创新行为会因为一些资金奖励而增加，但是当资金奖励不断增加时，创新行为实际上开始变少了。相反，像认可这样的非资金奖励和创新的关系是一个标准的线性关系，即非资金奖励越高，创新行为也越多。

伊利诺伊大学香槟分校的马库斯·贝尔和他的同事们都对探索资金奖励对于员工创造性的影响感兴趣，还有这个关系是否受到员工工作的复杂程度的影响。研究者招募了来自两个美国生产企业的 171 名员工，并问他们关于他们因为创新获得的奖励种类和他们工作的复杂程度。然后，每个人的监管者都被要求评估员工的创造力和创新表现。

贝尔发现，资金奖励对于创造力有非常不同的影响力，当然这还取决于人们工作的复杂和挑战程度。对于那些有复杂工作的人，资金奖励的增加会带来创新的减少。但是，对于那些有简单工作的人，资金奖励实际上能增加人们的创新表现。

印第安纳大学的创业学教授迪恩・西普合德和同事道恩・德蒂尼也探索了资金奖励和创新的复杂关系。西普合德和德蒂尼想要了解，消费者的深刻认知和他们的挫折感是如何影响资金奖励对于创新的影响效率的。他们假设对于消费者的深刻了解会降低资金奖励对于创新的影响效率。相反，他们觉得那些没有很强的消费者认知的人，会更倾向于因为资金奖励的激励而产生想法。

他们设定的研究方式是向人们阐述消费者在鞋子产品上遇到的问题。一个组会遇到大量的问题和挫折（来自焦点小组真实的信息），而另一个组只是面对固定范围内的几个消费者问题。然后，参与者被要求提出一些解决这些消费者问题的意见。另外，他们被告知对于最好的解决方案会有现金奖励。其中，一个组被告知有 50 美元，但是另一个组被告知只有 1 美元。

给参与者展示的过往知识数量对他们收到资金奖励后的激励程度有着显著影响，奖励的多少对于那些只有很低的关于消费者和他们的问题了解程度的人来说是一个很大的激励影响因素。50 美元的奖励让那些参与者比只有 1 美元奖励的人产生了明显更多的想法。另外，50 美元奖励组的想法也被评判为比 1 美元组的想法明显更有创新性。

截然不同的是，资金奖励对于那些已经对消费者和问题很了解的参与者来说几乎产生了反作用，且资金奖励的多少对解决方案的数量也没有任何影响。不过更重要的是，50 美元组的解决方案被评判为低于 1 美元组的创新程度。

这些结果可能有些令人惊讶，为什么更高的奖励会降低创新产出？研究者们认为，有很大量的信息（也代表高水平的技能）本身就是一种激励，而资金奖励实际上只是这种激励的一部分。

★★★

然而，关于资金奖励最大的一个问题其实是，只要奖励一旦没有了，假设还没有内在动力（比如挑战性或自主权），那么人们对于创新的动力也就会蒸发不见。也就是说，如果你是为了资金奖励而创新，那为什么在资金奖励没有了以后还要创新呢？所以，当你可以选择像认可那样的内在奖励或像金钱那样的外在奖励时，内在奖励总是获胜。

除了要注意资金奖励的潜在下滑期，还有一些值得注意的，是来自最近的一些研究中关于管理者提供的非正式认可。格林威治大学的丽贝卡·休伊特博士研究了管理者的口头奖励的影响，比如对他的团队说声“谢谢”。休伊特让一组员工在两周内的每天结束前完成一份调查问卷，并询问他们对于当前的工作是否有动力。

对于复杂项目，最有效的口头奖励方式往往是那些人们没有预想到的。

如果是简单工作，那么来自管理者的口头奖励就会非常有激励效果。反之，对于复杂工作（创新工作毋庸置疑是复杂任务），标准的管理者口头奖励不能起到激励效果，有些时候这些可以预见的口头激励甚至会减少动力。动力其实归根结底来自可以持续不断地进步和发展，对于复杂项目，最有效的口头奖励方式往往是那些人们没有预想到的。

★★★

关于提供认可的最后一个重点是，要对你提供认可的对象很准确。对于好的创新表现的认可是很诱人的，但是研究表明人们在创新过程中的努力也是同样重要的需要被认可（如果不是更多的话），这种影响的重要性实际上可以追溯到童年时候。

斯坦福大学的心理学教授卡罗尔·德威克从 20 世纪 60 年代就开始研究激励，同时她也是这个领域最有名望的研究者之一。她不仅仅探索了成人的激励，而且还做了关于孩子的研究并调查了我们的思考方式是如何被我们受到的反馈所影响的，她研究过的其中一个概念就是孩子们相信智慧是固定的还是有延展性的。那些认为智慧是固定的人觉得，如果你被给予了一些智慧，那么无论你怎么做，都无法控制或者增加它。她把这个观点引申为这些孩子有一个“固定的思维方式”。而那些认为智慧是有延展性的人认为可以通过刻苦工作、学习和教育来增长智慧。对此，德威克也引申为这些孩子有一个“成长性思维方式”。她还做了不少研究来探索这些不一样的思维方式会对行为和表现产生什么影响。

在一项研究中，丽莎·布莱克维尔、卡丽·特字尼威斯克和德威克研究了 373 名来自纽约中学即将升入七年级的学生。在研究之初，所有的学生都通过调查来决定他们的思维方式。学生们都被问及他们对一些陈述的认可和不认可程度，比如，“你很有智慧，但你不能通过任何方式改变它”

以及“你总是可以改变你的智慧”。学生们还被问到了他们在学校的学习目标，也是通过同意或不同意的形式，比如，“我做作业很重要的一个原因是因为我喜欢学习新东西”和“我喜欢做作业，因为即使我犯错也能学到很多”。毫不意外，那些有着成长性思维方式的学生，比那些想要获得高分数的学生更倾向于相信在学习中学习到东西才是更重要的目标。

这些学生还被问及了他们在做作业中所花的精力，通过对于陈述的认同程度，比如，“你越努力地学习，你就会做得越好”和“说实话，当我很认真地学习功课时，这让我感觉到我不是很聪明”。那些有着固定思维模式的学生更加倾向于把努力看做一个负面的行为，因为你越努力，证明你能力越低。当他们的成绩不好时，那些有着固定思维方式的人实际上更不愿意学习，甚至他们会考虑作弊来提高成绩。

研究者追踪调查了这些学生 2 年，特别是针对他们在数学课上的表现。选择数学的原因是，这是一门在高中阶段挑战度会不断提高的学科。

在研究开始的时候，无论是思维方式，还是学生的数学考试成绩，两者的区别都还不是很大。但是仅仅到第一学期结束时，那些有着成长性思维方式的学生的成绩已经超过了固定思维模式组。在八年级结束时，成长性思维模式组的成绩已经显著超越了固定思维组。

但是不仅仅如此，研究者们决定对一些学生进行干预措施，他们想看看那些固定思维组的学生能不能通过训练变成成长性思维方式。在实验组中的学生接受了 8 个学习项目来教他们关于大脑和大脑延展性方面的知识，同时智慧也可以通过努力学习来发展。一个控制组也被教授关于大脑的信息，但是没有关注于延展性。之后，老师（他们不知道哪些学生是哪些思维方式）被要求监督学生的行为，特别是他们的动力程度。

差距非常令人震惊：在控制组，只有9%的学生报告有积极的改变。但是，在那些被告知大脑和智慧有延展性的学生中，实际上有3倍多的学生表现出了积极的行为变化。其中，一位数学老师对实验组的一些学生做了如下评论：

L某，原来从不准时交作业，也不会花额外的精力在学习上。但是开始一直学习到很晚并花几个小时完成作业，就是为了我能早些给出评价并给他机会去订正。他在这项作业上得了B1，而他之前一直都拿C或者更低。

M某，之前的表现一直低于年级水平，而在过去的几个星期中，她主动向我寻求额外的帮助，希望在她的午餐时间帮她提高考试水平。在最近的一次考试中，她的成绩惊人地从不及格提高到84分。

家长们可以做的其中一件事情是表扬孩子们的努力，而不是天赋。跟你的孩子说：“哇，你的成绩真棒！你肯定很努力地学习了。”而不要说：“哇，你的成绩真棒！你肯定很擅长这一块。”这也被证明了可以提高学习和耐力，并最终形成成长性思维方式。

这些概念都对职场上的创新有着重要的实践作用。创造一个人们会因为努力而不是成就受到褒奖的环境，这个环境也会对创造一个让人们更舒服地进行创新和冒风险的环境有显著影响，这也是创新的重要组成部分。所以与其很明显的去对成就进行认可，还不如花一些时间去认可努力的过程。

关键点

- 找到机会去认可创新，无论是正式的还是非正式的。其形式有可能是一个年度颁奖典礼，也可以是提供一些常规的机会让创新者跟其他人分享他们的工作。
- 虽然年度创新颁奖典礼这个主意不错，但你要确保在平时也能频繁地对优秀的创新给予认可。
- 考虑把给予“时间”（去放在创新项目上）也作为创新努力的一种奖励。
- 除了在你的组织中认可人们，你也要考虑如何认可供应商、合作者和消费者的创新。
- 资金奖励只会提高创新到某一个点。另外，资金奖励对于一些人来说非常没有效果，比如对自己角色感到有挑战性的人，或者有很高技术水平的和对消费者有深刻的认知的人。
- 当可以选择给予人们认可还是金钱作为奖励时，认可永远是赢的。
- 当给人们口头褒奖时，比如说一声谢谢，最能激励人的方式往往是最意想不到的。
- 不要仅仅认可成就，确保你也要认可努力的过程。

第2部分

团队层面的影响因素

在 2009 年，马斯特里赫特大学的劳动和组织心理学教授乌提·惠氏格尔博士和她的同事尼尔·安德森以及基萨斯·萨尔加多，执行了一个至今为止最大的关于创新的团队层面预测因素的元分析。他们回顾了过去 30 年来关于团队和创新的研究，特别是那些预测团队中创新表现的特点和行为的研究。

这项研究非常的细致，他们找到了所有的公开发表的关于创意和创新的研究（跨多种语言），并搜索了一些顶级心理学和管理学期刊，然后收集了所有的引用列表。在排除了一些不是特别关注团队层面变量的论文以后，他们最后共收集了 91 篇文章。在这 91 篇文章中，涉及 104 项独立研究以及 50 096 名参与者。

这次元分析的结果也反映了 2007 年由萨缪尔·亨特和他的同事卡特里娜·贝德尔以及迈克尔·芒福德（查看序言部分）做的元分析的结果，这些都会在下面 3 章中向各位呈现。另外，如果你现在正在一个团队中并感到团队需要注入创新，那么这些章节包括了足够多的信息和让你可以立即执行的实用的建议。

第 4 章解释了确保所有团队成员感受到来自其他组员智力刺激的重要性。在一个鼓励辩论、讨论和不同观点的环境中工作是创建创新文化的关键。

第 5 章说明了团队支持的重要性。在这样的团队中人们都会聆听并鼓励组员产生新的想法，分享这些想法，并让整个团队一起去追逐这些想法。这一章就探讨了营造这种环境的方法。

最后，第 6 章讨论了合作的重要性——且无论合作是团队之内的还是团队之间的。这一章还会说明当失去合作时，团队环境的变化以及对创新产生的负面影响。

第 4 章

辩论

犯傻，以及其他创新之道

你可能从来没听过 Wieden+Kennedy，但我肯定你看过他们的作品。Wieden+Kennedy 是世界上最好的创新广告公司之一，丹·威登作为公司的其中一位创始人，负责设计了地球上最有名的一个广告策划：耐克公司的“Just do it”。最近几年，你可能看过演员伊萨阿·穆斯塔法骑在一匹白马背上，宣传“你的男人也可以闻上去像他一样”。然后，出现了老香料（Old Spice，宝洁旗下沐浴露、须后水和止汗露）的品牌。又或许你记得 2008 年超级碗上公司给可口可乐做的广告，这个广告有两个巨大的充气卡通人物在整个纽约市追逐一个巨大的充气可口可乐瓶，最后由一个充气的查理·布朗成功追到了可乐瓶。《广告周刊》杂志把这个广告评为 10 年来最佳的超级碗广告。

在创造创新文化的过程中，一个重要影响因素就是要确保鼓励不一样的观点并且让这些观点不断受到挑战。在 Wieden+Kennedy，挑战现状和辩论不同的观点是一门日常课。

当游客到伦敦办公室参观时，首先看到的是橱窗里面的人体模型，其头部是一个搅拌机。这个人体模型提着一个公文包，上面写着“每天早晨愚蠢地走进来”。这个信息代表了联合创始人丹·威登强烈相信的：要找到创新的想法，必须首先把所有的前提假设和旧想法抛得一干二净。

Wieden+Kennedy 伦敦办公室的总监尼尔·克里斯蒂说道：“这个人体模型是你每天走进门时第一个看到的，可以提醒你我们在做什么。如果你听取常规的想法或者认为你上次做的事情这次还会起到好的效果，那么你就输了。你必须假设常规的方式是没有用的或者归纳好的规则是没有用的。”

“我们不是鼓励人们去变得愚蠢，我们只是鼓励人们去认识到他们不一定必须知道答案，且那些有经验的人也不一定就知道答案。有的时候你会从一些比较天真的人身上获得新的答案，或者从一些不同的角度得到答案，而这些都比所谓专家的答案要好。”

“每天早晨愚蠢地走进来”这句话有的时候适用在将员工分配给客户的时候。在大部分广告公司中，人们都会按照行业经验的多少来把员工分配给客户。举例来说，如果一家公司要竞标一个化妆品的项目，它经常会把有过美妆行业经验的人放进这个小组。客户自然也喜欢这种安排，因为这让他们觉得有“行业专家”在给他们工作。不过在 Wieden+Kennedy，这个主意完全被抛到了脑后，人们通常被故意安排到他们没有经验的行业中去工作。

本田公司的项目就是这种策略的一个例子。“所有汽车公司的广告看上去差不多是有原因的。”克里斯蒂解释道。而这个原因就是所有汽车行业有经验的人，无论是广告公司的创意，还是制作人或是导演，都因为他们有着很多年的经验而被选进了工作小组。

所以与其按照原来的方式去做本田公司的项目，不如公司组建一个由非汽车行业老兵组成的团队。实际上，这个团队里的某些人甚至并不喜欢汽车，但是公司给本田公司提供的产品却跟产业里面的任何一个都不一样。

本田 Honda the Cog 广告是公司做过的最有名也是最有效率的广告之一。该广告是2003年发布的，展示了本田雅阁的汽车零件像多米诺骨牌一样互相撞在一起，最后本田雅阁从拖车上像一条线一样滚下来并达到广告高潮："当事情都对的时候是不是很爽？"这是历史上最受褒奖的广告之一。

跟 Wieden+Kennedy 一样，拉兹洛·博克在描述谷歌公司的《重新定义团队》一书中说过，他们最少考虑的因素就是申请者有没有这个工作的行业经验。

> 我们的理由和经验是，如果有人曾经做过同样的工作，即便他是成功的，那么很有可能在谷歌中也看到一样的情况并复制他们之前工作过的解决方案。这种方式的问题就是你会丢失创造新事物的机会。

我们在 Inventium 也是这样的，不仅不根据人们之前的创新咨询师工作经验来评判，而且我们还尝试建立一个多元化的团队——只要有对科学和创新感兴趣的共性。我们有 MBA、组织心理学家、企业家、工程师和经济学家。我们有曾经在世界上最大的公司工作的人，也有仅仅在创业公司工作过的人，他们都受过 Inventium 知识产权方面的培训，而且还能贡献得更好。当我们在一起并给我们的客户解决问题时，相比我们招聘只有相同工作经验的人来说，结果好得太多太多。

印孚瑟斯（Infosys）是世界上最大的IT咨询公司之一，它的总部在印度的班加罗尔，在全世界有超过17万员工。在20世纪90年代初期，印孚瑟斯的领导团队发现虽然高管团队都到了中年，但是员工的平均年龄却年轻很多——差不多26岁。管理层察觉到这些年轻的员工基本上都不发表他们的意见，这主要可能是害怕说出来或者受到高管的反对。

于是，高管团队发展了一个叫"年轻人之声"的项目，希望能促进年轻一代发表意见并鼓励在领导团队会议上辩论。那些表现优秀的20多岁的员工都被精心挑选出来，并被邀请参与印孚瑟斯的管理委员会。但是不仅仅简单地参与会议，他们都被鼓励表达自己的想法，对管理层发表的观点提出不同意见，并且去辩论和批评公司的方方面面。这个项目也被证明在开放新的意见和想法上极端地有效，它帮助把印孚瑟斯的文化变得更强，并让领导团队可以始终站在科技潮流的前面，而科技本来只是跟年轻一代联系更紧密。

★★★

当鼓励辩论时，观点的数量越多，辩论就会越活跃。而对于创新和创造力来说，很多研究都表明宽度比深度更重要。相比那些在职业生涯中注重深度而不是广度的人，有着更广知识面和经验的人可以持续地提出更有创造力的解决方案。

BuzzProducts 是一家喜欢招聘有不同兴趣和经验的员工的全球化产品设计公司，它最近启动了一个叫Go Wide的项目。

"公司的每个人都获得500美元，"管理总监巴里·古德说道，"我们的想法是，他们必须用这些钱去学一个新的技能或者参加某项活动，这些尝试最好是有一定挑战性并且与工作不相关的。人们都去做了一些挺酷的事情，比如学习阿拉伯语、上一门DJ课和跳伞。其中，一个比较独特的故事是一个很害怕飞行的女孩，花了500美元上了一门帮助她克服恐飞症的课。这非常棒，因为她现在可以出国度假并参与公司出差，这对她的人生和职业生涯都有着惊人的影响，同时我们也为她能克服恐惧症而感到高兴。”

★★★

组建一个多元化的团队是激发辩论的一个很好方式，至少很多研究者是这么认为的。但是，当乌提·惠氏格尔教授和她的同事开始研究关于团队多元化和创新表现时，他们发现了冲突性的结果。一些研究表明多元化是一件好事（人们直觉上也会这么认为），但是，还有一些研究则指出多元化会对创新产生负面影响。

在更深层次地了解了这些研究以后，乌提·惠氏格尔开始把研究中涉及的两个主要多元化种类区分开来。一些研究探索的是和工作有关的多元化，比如技能的种类和人们从工作中获得的经验。一个有着很好的与工作相关的多元化团队多半是跨职能的，并有着非常不一样的教育背景和专业知识。

> 一个有着很好的与工作相关的多元化团队多半是跨职能的，并有着非常不一样的教育背景和专业知识。

而另一些研究探索的是背景多元化的影响因素，如年龄、性别和种族，也就是和工作无关的因素。乌提·惠氏格尔和她的团队通过数据发现，背景多元化其实对创新有负面影响。可以这样解释：背景的多元化会造成沟通问题，而且这种多元化也会对达成共识造成问题，这很明显也是会阻碍创新的。

相反，研究者发现跟工作相关的多元化和创新表现有着显著的关系。在一个团队中有不同职能背景的人，有在大学中学习了不同技能和在职业生涯中学到不同技能的人，这些是对创新有正向影响的。

但是研究者还不确定的是，工作相关的多元化和创新的关系是不是线性的。有可能这种关系是曲线的，也就是说有可能在一个点上过多的多元化会减少创新。另外，相比那些刚组建的还没有发展出一套做事方式的团队来说，工作相关的多元化的正向效应有可能在一起工作了很长时间的团队中更强。

这对你的公司来说，特别是当员工离职率很低的时候，与其让“同色羽毛的鸟”自己飞到一起，还不如由你来组建一个在技能和经验上都很多元化的团队。这对那些需要解决困难的创新挑战的团队来说尤为重要。

Vimeo 的主席戴耶·梅伦坎普描述到她公司中的不同项目组是如何从不同的业务中拉到一起的，“对于任何一个项目来说，我们基本上都会有一个跨职能的团队。我们通常会先从产品部拉一些人，还有一些社区部门的人，还有一个负责内容的人去把工作组合起来产生新的想法，然后再一起解决一些细节性的问题。我们发现这种方式真的能够带来很棒的结果”。

★★★

我们应该在招聘过程中就表现出辩论是被鼓励的。大部分招聘的过程都差不多包含来自 HR 或招聘公司的几个面试，然后是一位经理主持的面试。具有讽刺意味的是，这些过程都被构建为找到我们自己的“克隆”而已，这是反对多元化的，找到的是一些已经知道他们未来会怎么做的人。

通过研究我们可以发现，我们更倾向招聘那些跟自己相似的人。美国西北大学凯洛格商学院的助理教授劳伦·里维拉对120位招聘经理做了一项关于影响他们招聘决定的因素的研究，她发现他们并不是招聘最有能力的应聘者,而是显著地更倾向聘用他们认为可以成为朋友的人——人们喜欢他们。

里维拉描述了一位律师事务所的招聘经理，当他在看一位应聘者的简历时发现兴趣一栏里写着曲棍球和壁球，这位招聘经理便决定拒绝这名应聘者，因为公司的文化是“粗鲁和跌倒”。而另一位应聘者则因为过于聪明也遭到拒绝（应聘者表示对18世纪文学非常感兴趣）。

另一个普遍的问题是，在一个典型的招聘过程中，应聘者通常只会见到他们的管理者，如果幸运的话可以见到一些同事。很少有应聘者能有机会见到直接向他们（应聘者）汇报的人。谷歌把这个普遍的过程反了过来：所有的潜在经理都会和一至两位以后会向他汇报的人见面。“我们发现最好的应聘者都能让下属感到有灵感并且很兴奋。”谷歌的人事运营主席拉兹洛·博克在他的书《重新定义团队》中解释道。

让应聘者去见见一些他们的下属，会给出公司非职级式的信号，因为它把权利直接交给下属，而那些下属通常只有很少的权利。而当公司非职级式的信号被传达时，也会鼓励人们更好地辩论和讨论，尤其当下属和监管者意见不一致的时候。

★★★

和谷歌的招聘过程相同，通用电气的CEO杰克·韦尔奇也把传统的导师制度转了个方向。1990 年在伦敦，韦尔奇和另一位 CEO 聊天时那位 CEO 聊到他作为学员在做一个项目的时候，就有了"反向指导"的想法。韦尔奇当时很震惊，惊讶地问为什么他作为公司的最高领导人还要做某人的学生。原来是他们做了一个电子商务的项目，而该 CEO 在这方面的知识甚少，所以为了加快项目的进程，他把公司里 30 岁以下最聪明的几个人加入到项目中并让他们成为导师。

韦尔奇太喜欢这个主意了，于是在 48 小时之内，他把整个公司都"反了过来"。通用电气最聪明的一些青年才俊都与韦尔奇的前 500 位高管一一配对，韦尔奇自己也找了一个 20 多岁的年轻人作为导师并向他请教如何上网。10 年后，在 Twitter 和 Facebook 中出现这种反向指导关系已经很普遍了。

虽然很多公司，比如惠普和思科，都建立了非正式的反向指导关系，但是如果你对这个概念很重视，你仍需考虑如下的几件事：

1. **明确你希望这个项目达到的商业目标**。在创新的例子中，可能就是鼓励员工之间的辩论，打破规则（让导师可以和一个完全在不同领域工作的学员配对）并让员工接触到比原来更宽广的知识面。
2. **设定你可以测量成功的指标**。最简单的方法就是设计一个可以测量你试图影响的变量的调查问卷。在项目开始时让员工先做一遍基础调查，然后在结束时再调查一遍。你可能还会选择在项目结束后 3 个月再做第 3 次调查，看看哪些改变持续了下来。
3. **问问有没有自愿做学员的**。一般情况下，让高层领导者自愿做学员是有挑战性的，因为更多的初级领导者都排着队希望跟那些高层领导者形成师生关系。如果你在这方面有麻烦，可以考虑任命一位执行发起人来要求领导者参与其中，并用好处来说服他们。当有了一批愿意参与的领导者以后，你就可以去找那些导师了。

4. **把导师和学员配对**。理想情况下，你希望把在公司中两个完全不相关的部门的人搭配起来，因为这可以有效地打破常规，且职能的多元化也是很有益的。举例来说，你不希望两个同是市场营销背景的人在一起，因为你希望的是让学员可以领略完全不同领域的广阔知识。同时也不要因为地理原因阻碍了发展，像 Skype 和谷歌 Hangouts 之类的技术可以帮助远程导师会议更轻松地完成。
5. **就导师关系的结构给出一些建议**。比如，他们应该多久见一次和每次会议多长时间等。你也可以提供一些交流的话题，比如导师正碰到的最新技术，甚至可以让学员在会议前就准备好一些他们想问的问题。你还应该考虑这种师徒关系应该持续多长时间，无论如何，肯定要有一个结束的时间。
6. **重新审视你的机制并评估项目**。我发现那些开展得特别好的反向导师项目都是非常成功的，所以只要这个机制是在正确的方向上，它就有可能成为你们公司创新项目的重要组成部分。

最后还需要注意的一点是，虽然在团队层面上是鼓励辩论的，但还是需要让企业里的高管来带领这种辩论。如果企业高管不愿意受到挑战并参与辩论，这种程度的开放化就很难真正地渗透到团队层面。Vimeo 的主席戴耶·梅伦坎普就是一个真正鼓励辩论的领导者典范。“人们知道我是容易变卦的人，”她解释道，“我不会一上来就黑白分明，我会在做决定之前先观察。如果你有好的理由，你可以说服我。”

“我是持着真诚的态度的，因为我不认为我知道所有的事。这种挑战和辩论的能力是决定性的，因为除非人们觉得他们能这么做，不然你就无法创新。Vimeo 的团队都坚信他们可以为相信的事情去奋斗。我认为这很重要，因为如果你丢失了这个，你就丢失了创造力，从而你也丢失了创新。”

关键点

- 思考一下“每天早晨都保持愚蠢地走进来”这句话能如何帮助你和你的团队更好地挑战现状，避免做出臆断，并最终鼓励在创新项目中有更广阔的视野和思维方式。
- 避免总是招聘跟你差不多的员工，这么做只会阻碍辩论并鼓励思维的同质性。
- 拥有更宽广（而不是更深的）的知识面和经验已经被证明对创造力是有益的。考虑你和你的团队拓宽知识面的方式。
- 工作相关的多元化已经被发现对于驱动创新很重要。所以在组建团队的时候，尝试找到一种职能背景混合的好方式。相比之下，人口多元化（Demographic Diversity）实际上被证明会减少创新。
- 考虑实施一个反向指导项目以帮助打破常规，帮助高层获得更宽的知识面，并鼓励公司员工之间的辩论和讨论，即使他们原来都互不相识。
- 确保高层领导者对接受挑战和参与辩论保持开放的心态，也就是说，他们会以身作则。

第5章

团队支持

“你说你被称作什么？”——其他影响团队工作的因素

我最近跟一个全国零售商的领导团队一起工作，我被请去举办一个多日的专题讨论会以帮助他们改进创新策略，当然，除此以外还有些别的事情，这是我在 Inventium 中经历过的最有挑战性的 3 天。我很幸运，因为大部分 Inventium 的客户都是非常聪明有激情的人，他们都很认真地关注创新，希望能给他们的企业和所在的行业带来积极的改变。但是这个团队也有一些不一样的地方。

首先，他们都不互相聆听。差不多每天 9~10 次，他们都会因为某件事争吵，然后有人站出来说：“你们说的都是同一件事。”也就是说，他们争论的是一个完全相同的观点，但是因为谁都不聆听对方，也就没人注意。人们都简单地排着队去参与争吵，而不是去聆听。

其次，基本上每个建议的策略或想法都被“枪毙”了。人们的意见都会受到一些反驳，诸如“我们去年就试过了，不管用”和“这肯定得不到整个行业的支持”或者“我们没办法获得执行这个想法的资源”。另外，当一些策略或者想法的确脱颖而出以后，那些不支持这个想法的人立马就置身事外了，因为他们自己的想法没有获得认可。

再次，团队成员之间没有信任。他们之间的关系从被动并有攻击性到过于有攻击性都有。人们一直互相争吵，甚至你会感觉他们因为这种争吵而感到兴奋。

拥有开放并能相互信任和相互支持的团队对于驱动创新文化来说非常重要。

拥有开放并能相互信任和相互支持的团队对于驱动创新文化来说非常重要。所以，自然不用说，这个团队的文化或者说这种类型的团队文化，是不会驱动创新的。

让我们回到 20 世纪 40 年代，了解一下那时的约翰·鲍比，他是儿童心理学界的先锋心理学家。通过临床观察以及对童年情绪和行为的研究，鲍比创建了儿童发展界最流行的理论之一：依附理论。依附理论的基本前提是，孩子需要感到至少与一位主要照顾者（通常是母亲或父亲，或者两者都有）有安全的关系，这样才能在探索外界的过程中感到舒适和自信。如果没有这种依附和安全感，孩子们会对探索和尝试新的体验感到恐惧。

巧合的是，美国发展心理学家玛丽·安斯沃斯在伦敦遇到了正在那里完成博士学习的未来丈夫。在伦敦的时候，她偶然间看到了一则来自鲍比团队招收研究员的招聘广告，其研究特别关注孩子与母亲分开后对孩子个性发展的影响。

安斯沃斯继鲍比的工作之后，开展了关于依附理论的第一个实证研究。

这项研究是在乌干达做的，安斯沃斯观察了 26 个有着 1~24 个月大孩子的家庭，她在 9 个月中每两周去探望这些家庭一次。通过这些日常的探望，她分析了收集到的数据并证实了鲍比的理论，也就是那些更安全地依附于母亲的婴儿哭得更少，并对探索周围的环境更有信心。

那又如何？你可能会问，婴儿的行为对推进创新文化有关系吗？实际上有很多。

★★★

乌提·惠氏格尔和她的同事发现凝聚力是团队创新表现中最重要的决定因素之一。有凝聚力的团队是那种当人们说出一个疯狂的想法而不用担心被嘲讽的团队，同时这个团队让你可以感到足够有安全感去挑战现状并提出更多的想法和意见。就跟当婴儿能很安全地依附于他们的家长时会对探索世界充满自信一样，如果员工在团队中感到舒适和安全的话，他们也会更自由地探索新的想法。

在一项关于团队支持、交流和凝聚力如何影响创新项目成功的研究中，华盛顿州立大学的马丁·霍格尔教授调查了德国 145 个软件开发团队的行为。霍格尔和他的同事汉斯·格奥尔·格木恩登用了一个 6 因素的框架来评判团队中互动和支持的质量。

1. 交流——团队成员之间信息交换的频率、开放性和随意性。
2. 协同——对于项目现有状态的共识和个人对它的贡献。
3. 相互支持——团队中的成员互相协作而不是竞争。
4. 成员贡献的平衡——团队成员可以把所有相关的知识和经验都贡献出来。

5．努力——个人对任务的努力程度都在同等高的级别。

6．凝聚——团队成员都有很强的团队精神，而且有持续留在团队中的动力。

在评估了软件开发团队这 6 个因素以后，霍格尔还调查了这些团队执行过的并获得成功的创新项目。成功首先是由创新的质量以及创造过程的效率（通过管理者、团队领导者和团队成员的打分）来定义的。其次，它还由团队成员对于他们在创新项目上体验的满意程度来定义。

霍格尔发现无论是在创新质量还是效率上，团队互动和支持的 6 个因素显著地预测了创新项目的结果。另外，团队互动也不出意外地预测了团队成员对创新的满意程度。

谢菲尔德大学的迈克尔·韦斯特和迈克尔·华莱士教授对团队中如何产生有效的交流和支持以及它们对于创新文化和成果的影响，很感兴趣。他们选了英国医疗行业的一些团队，成员包括医生和护士，其中 3 个团队被他们归类为非创新或者传统团队，而另外 5 个则被归为非常有创新力（根据独立评估得到的结果）的团队。

研究者询问了团队成员如何一起工作，如何互相支持解决问题，如何公开并诚实地与对方交流以及如何从对方的经验中获得价值（而不是地位或工作头衔）。同时，6 个独立评委会对每个团队在近两年内实施的创新打分。

韦斯特通过分析数据发现，团队的支持和凝聚力对已实施项目中的创新程度有着至关重要的影响，它事实上占了变量的 29%，也就是说，1/3 的项目创新程度可以用团队支持度以及凝聚程度来解释。

特蕾莎·阿玛贝尔教授和斯坦利·克莱兹克维奇博士的研究是关于在

研发实验室中团队活力对创新表现的影响的。研究员对 120 位研发科学家做了面试并让他们描述两个事件：举例说明，一个带来了非常多创新成果的项目和一个没有带来创新成果的项目。另外，科学家还要描述这两个陈述中的重要特性，特别是人的特性和环境的影响。

特蕾莎·阿玛贝尔和斯坦利·克莱兹克维奇发现合作性的团队行为对产生创造性成果非常重要，而把这个环境带到公司其他的部门也很重要。一位科学家说道："让其他科学家也参与讨论至关重要。在介绍产品时，我就能获得来自不同领域的支持，这也能让产品商业化。"研究者同时还发现，缺少合作对于创新是有害的。

★★★

有一个团队目标而不是一些独立的个人目标，对团队的创新表现有更大的影响。

为了构建能成功创新的团队，必须保证团队里有研究人员所说的"目标的互相依赖性"。惠氏格尔把这个概念定义为：团队成员的目标和奖励是互相联系的，团队成员只有在其他团队成员达成了他们共同的目标以后才能达到自己的目标。所以，有一个团队目标而不是一些独立的个人目标，对团队的创新表现有更大的影响。

团队可以通过一些不同的方式来实现目标的互相依赖性。首先，要把团队和个人的反馈混合成一个整体，而不是仅仅提供对团队成员的个人反馈。当人们收到团队层面的反馈时，也就代表了每个人的行为影响了团队和团队表现。其次，表现评估和奖励应该和团队的目标联系在一起，这么做可以激励团队共同并有效率地工作，所以评估也被视作达成团队目标和奖励的重要过程。

有趣的是，任务的互相依赖性（团队成员互相依赖地去完成一些任务）并不和创新表现有显著的关联。因此，确保团队向着依赖于团队成员贡献的共同目标前进是很重要的，而每个团队成员的任务也会不一样，这取决于他们为达成团队目标作贡献时所扮演的角色。

★★★

除了团队目标，还需要一个清晰的愿景。愿景作为全公司创新表现的驱动力，通常被认为只有管理者才需要关注。但是，惠氏格尔和她的同事发现那些有着清晰、指导性和激励性愿景的团队，比那些没有愿景的团队在创新性表现上要强很多。愿景不仅仅是有一个清晰的总体目标，它也与团队愿意投入精力去达成目标有关，或者说愿意跟随这个愿景。拥有一个很强的愿景并让人们愿意致力于此，可以让团队成员对彼此都多了一种使命感和责任感。

米瓦克里建筑公司的集团创新总经理克里斯蒂娜·吉尔罗伊花了很多精力思考如何组建一支能够互相支持并取长补短的团队。吉尔罗伊的任务就是组建团队，并让他们去做公司里最大的创新挑战，这也就是他们的创新任务。

“我们有 8 项创新任务，它们都是和我们的创新战略相关的。”吉尔罗伊说道，“我们会组建完全多元化的团队来做这些任务。某个任务可能是一个零售项目，但我们会让财务部门的人加入团队，或者一个居民住宅项目，我们会让行政部门的人加入。他们会带来全新的看法而且不会对问题进行前提假设，这对团队非常有益，我一遍又一遍地看到这种方式成功实施。这样的团队比只有行业专家的团队或者全是外行的团队在进程上要快很多。”

当团队刚开始实施这个创新任务时，每个团队中都会有某名成员被授予团队领导者的头衔。但是在这些团队开始工作的前几个星期里，吉尔罗伊发现对于这种创新项目来说，有一点非常重要，那就是要有一个扁平化的管理结构去保证每个人都处在同一级别。

吉尔罗伊开始注意一些非常小的事，比如那个头衔，就会完全改变团队的活力。团队领导者去指挥，最终所有的责任也都落在他们手中。于是，吉尔罗伊决定把团队领导者“降级”为团队管理人，这样能让结构扁平而且工作量平均，他们的角色也转变成关注团队的后勤保障，保证他们定期开会并有效沟通。

“头衔的改变传递了这样的信息：团队里每一个人都是平等的，他们的声音也是平等的。”吉尔罗伊解释道，“我一直跟团队强调，即使他们不是零售部门的，只要他们正在做零售的任务，那么他们的意见和声音就和那些已经有零售领域经验的人一样重要，甚至更重要。我想确保我们正在创造一种这样的环境，即每个人都觉得即使自己不是某领域的专家，但是他们也都可以提出意见，因为不这么做的话人们是会有恐惧感的。”

改变团队领导者的头衔带来了态度上巨大的差别。领导者们都在说：“不是我一个人说了算，你们都怎么看？”的确是这样的，我们可以饶有兴趣地看看这种扁平化的结构有多大力量。

最终的结果应该是每个团队里的人都觉得更有控制权了。如果有领导者的话，人们会很自然地坐在后面并等待领导者给他们指出方向。但是没有领导者以后，每个人都会发表意见并拥有控制权。

关键点

- 在创建一个有效率的创新文化中，有一个团队成员都感到在思想和意见上受到支持的环境是非常重要的。
- 提高团队互动质量的6个重要因素是：交流，协同，相互支持，成员贡献的平衡，努力（所有成员都对任务能贡献相同等级的努力）和凝聚。看看你现在所在的团队中这几个做得怎么样，并想想可以如何提高。
- 考虑设定团队目标和愿景，以共同的目的将团队成员凝聚起来。
- 不要使用夸大成员地位的头衔，因为这会影响团队的工作效率。

第 6 章

合作

如何让人们与不同寻常的人一起工作

大多数大公司都会为员工做一本手册，这本手册通常会谈到公司的价值观、政策和流程，当然还有如何申请年假等，这是那种你第一天上岗就会发给你，但可能以后你也不再会看的东西。当我认真地看每个公司的员工手册时，其催眠效果比安眠药还要强一倍。所以，当我一个很好的朋友在几年前跟我说了下面这番话 “你应该看看维尔福公司（Valve）的员工手册，它太棒了”时，我大吃了一惊。

我从来没听过维尔福——可能因为我不是一个爱玩游戏的人，但是如果你爱玩游戏，你应该知道我在说什么。维尔福是 1996 年由两位前微软员工加布·纽维尔和麦克·哈灵顿成立的，这家公司是《半条命》（*Half Life*）的开发者，这款游戏在发布 10 年以后已经销售了超过 2 000 万份，并获得了超过 50 个年度游戏奖。维尔福的电子游戏线上分销系统 “Steam” 在 2013 年有超过 7 500 万活跃用户，公司的估值在 30 亿美元左右。

在维尔福成立之初，纽维尔和哈灵顿认识到发现特别有天赋的人并说服他们加入公司（当然还要留在公司）是维尔福成功的关键。而他们觉得最好的方式，就是远离等级制度、职能部门和管理人员。维尔福的新员工手册上写道：

> “欢迎来到扁平的世界。等级制度可以很好地维持可预测性和可重复性……但是当你在一个娱乐行业的公司时，这就会阻止我们招到地球上最聪明、最创新和最有天赋的人。告诉他们坐到工位后并做我们要求做的事情，这会损失他们99%的价值。”

所以，当你刚在维尔福入职时，你没有工作头衔，也没有经理会叫你该做什么。你只会获得一张办公桌——有轮子的那种。轮子是很重要的部分，因为员工要做的第一个重要决定就是选择要加入维尔福的哪一个项目组，当你确定以后，你把桌子移过去就行了。所以，理论上在维尔福没有任何会阻碍员工之间合作的障碍。

在你决定要加入哪一个项目组和你想和哪些人一起工作时，并没有一个规则。相应地，员工被鼓励尽可能地与其他人和项目组交流。然后他们被鼓励问自己一些问题，比如“在所有正在进行的项目中，我能提供的最有价值的东西是什么？”“哪个项目会有最大的消费者影响力？而我在加入工作后能提供多少价值？”和“哪些比较有趣？哪些回报比较高？哪些可以让我发挥我的长处？”就像手册所说的：“每一张办公桌旁的椅子永远是开放的，所以你也要尝试让自己开放。”

维尔福的 300 多位员工日常运营的方式与大部分组织大不相同。在大部分组织中，人们第一天到岗就知道要在哪个团队工作，他们的经理是谁和他们应该坐哪儿。在建立了这种体系以后，员工基本上从第一天开始就在他们的工位里（空间里）工作。但是从研究中我们知道，跨职能和跨部门的合作是创建创新文化的重要驱动力。

从研究中我们知道，跨职能和跨部门的合作是创建创新文化的重要驱动力。

★★★

全球化的医药公司辉瑞鼓励跨部门合作的方式之一就是通过获得“勇于尝试”（Dare to Try）奖的冠军来获得的，这也是组织层面的创新项目的一部分。在辉瑞内部，有500名冠军担任帮助公司促进创新的角色。

全球创新（Worldwide Innovation）副总裁温蒂·梅耶解释道：“从合作的角度来说，我们设计的方式是希望让那些冠军面对那些不属于他们所熟知领域的挑战。我们这么做是因为他们之间彼此不熟悉，挑战起来不会有偏见，同时也让人们更好地理解组织里的不同挑战，并能够贡献出自己独特的观点。鉴于他们在辉瑞的不同角落工作，他们倾向于提出不同的观点，特别是他们在面对挑战时会有不同的理解或想法。”

作为“勇于尝试”挑战的一部分，梅耶和她的同事们非常清楚要把有着不同视角的人聚到一起才能驱动创新。“而正是我们把来自公司不同部门的以及拥有相同目标的人聚到一起，才获得了更多的创意和想法。人们会试着互相挑战，我们已经作为一个项目组去帮助促进那些合作。”

梅耶解释说在辉瑞的一些规模较小的市场，特别是欧洲市场，很多业务部门已经联合起来，召开关于市场或一些特别问题的讨论会，总之都能通过来自不同行业的不同意见获益。“举个例子，我们在美国有一个公司事务计划，并有一个团队开展了一项名为‘老年人关爱’（Get Old）的活动。

他们主要是开发一些来自不同业务部门的机会，找到一些表达活动意义的方式，并找到连接各个部门的方法。合作真的可以帮助强化引入不同观点的能力。”

虽然梅耶说到辉瑞公司的员工都很喜欢合作，他们和以前不认识的人一起工作很开心，同时还能听到他们有趣的想法，但是还是有些不和谐的人和事，因为这是一个非常大的组织，有很多的部门分布在全球。

如果你在人生中的某一节点上曾经有过嘴唇干裂的毛病，可以买一个 ChapStick。ChapStick 这个牌子来自裂唇（chap lips）的发音和含义，实际上，ChapStick 这个牌子因为太成功而获得了通用商标使用权（通常当品牌名字和它所属的产品或服务类别的意思相近时才能拥有）。但是，在 2013 年 Eos 润唇球超越了看上去无法战胜的 ChapStick 并成为美国销量最大的润唇膏。

Eos 润唇球并不是由一家大型化妆品公司生产的，而是由一家叫作阿诺玛丽（Anomaly）的广告公司生产的，虽然说这家公司是广告公司，但这种说法感觉可能有些误导嫌疑。

阿诺玛丽就跟它的名字一样棒，它的成就也远远不止一款润唇膏。你可能看过该公司在 2013 年超级碗决赛上给百威做的广告，是关于一匹马成长的故事，这个广告是超级碗历史上被分享的第三多广告。或者你可能还看过阿诺玛丽跟艾瑞克・李佩尔厨师合作得到艾美奖的电视节目 *Avec Eric*。

阿诺玛丽的商业模式和很多其他公司都不一样。合伙人斯图亚特・史密斯是这样解释的：“我们的内在动力不一样。我们从不按时间计费，因为这种激励方式是错误的（花更多的时间，把更多的人投入到项目里)。相反地，我们有一个基于价值的报酬模式，并把目标定为让客户广告的成功度与很大一部分的报酬挂钩，基本上公司和客户是风险共担的。这会培养一种不同的创新思考方式，依托真实世界的创新思考，并且是有结果的创新。也就是说我们的创意不是为了创意而创意，而是为了广告的成功而创意。”

合作是阿诺玛丽模式的一个关键部分，这也是为什么它可以做多元化的项目比如唇膏、电视广告和获得艾美奖的电视节目的原因。“我们做的最重要的一件事就是找到最合适的团队成员。”史密斯解释道，“我们的模式是建立在合作之上的，只有当人们接受并支持新想法时，这个模式才能有效。所有广告公司都在谈论这些，但是我们的模式是必不可少的。我们的模式就是围绕商业挑战，结合一群有天赋、背景和技能各不相同并且思维开放的人。因为我们围绕着商业挑战，得到的答案可能是最有效的一个，所以我们不强求人们一定要制作广告。要达成这一点，我们的团队成员需要有高智商并放低架子，如果别人有更好的想法，他们会很乐意放弃自己的想法。如果你的员工都是这种思维方式并以这种方式工作，那么你离成功已经距离不远了。”

同时，虽然有了跨部门成员的多元化所带来的广度，当你通过合作完成项目时，你还是需要有至少一两位深入了解项目的行业专家。多伦多大学罗特曼管理学院的莎拉·卡普兰教授通过对把全新的知识和想法带入行业专利的分析，发现这些突破性的专利都需要很深层次的项目专家帮助才会出现。

★★★

虽然像维尔福、辉瑞和阿诺玛丽这样的公司让合作看上去很简单，但实际上公司在创建创新文化的过程中，这往往会成为公司最大的挑战之一。我已经记不得是哪一位 Inventium 的客户曾经在我们的首次会议上对我说过，“人们都不是在独立部门工作的——我们都合作得非常好”。在我与新客户的每次介绍会上，在单独部门（独立的商业单位或部门，基本不与其他人沟通）工作的问题总是不可避免地被提到。

我们从研究中得知，让员工在独立部门工作会扼杀创意。咨询公司 Cultural Keys LLC 的创始人兼企业社会学家伊丽莎白·布兰迪和她的同事——来自南卡罗来纳大学的应用人类学家肯·埃里克森，探索了公司独立部门对创新的影响。他们分析了 3 家美国主流公司的数据，3 家公司分别是一家贴身内衣公司、一家全球汽车公司（通用汽车）和一家医院。他们还访谈了大约 250 名员工，参加了一些会议，并了解了员工的日常工作状态和互动情况等。这 3 家公司的部门都是孤立的，等级分明，且员工也很少有机会可以跨部门找到新的职业发展机会。

在贴身内衣公司中，独立部门的结构对创新和合作有着重要影响。在一次访谈中，一位新聘用的管理者谈道：“我们不和设计内裤的部门见面，也不和其他设计胸罩的部门见面。尽管这些部门都在我们公司里，但是我们之间从不讨论。我们也没感到在竞争，也不讨论什么是有效的工作方式，每个部门都挺独立的。”

设计胸罩的部门不和设计内裤的部门交流不仅仅对创新有影响，还会对销售有影响。在某一阶段，零售商无法订到足够多的胸罩和内裤套装，所以也就没办法向消费者进行宣传，这对消费者和零售商都造成了极度的困扰。

销售部门的员工（能获得直接来自消费者的信息）和设计师之间仅有有限的意见交换和分享，这也导致了设计师总是按照他们认为最好的方式去生产，而消费者的反馈则完全被排除在创新过程之外。

在通用汽车，研究者调查了来自 3 个不同部门的合作情况，而这 3 个部门要一同在一个创新项目上工作。每个部门都有非常不同的决策方式（在会议中体现得非常明显），从完全一致决策（团队里的每个人都要同意）到领导者定夺决策（领导者负责所有的决策）。

这些不同的决策方式让合作的过程非常艰难，一些很重要的产品决定都是通过强制而不是协商的方式来完成的。这种方式带来的负面结果包括管理层的公信力受到质疑，在产品生产过程中决策延迟，以及有些问题需要在最终通过前经过一遍又一遍的审核。这些导致整个项目延迟了 6 个月并显著增加了项目的成本。

最终，部门合作的问题导致整个项目在启动两年以后就被终止了。这个项目本来是希望提升创新力的，但是却造成在汽车销售上大约 220 万美元的损失，危害了全球汽车项目的成长能力，并被质疑公司作为全球制造商效率是否有问题。

在研究的第三家公司中，情况发展得还算不错。急症部门的病人等待时间平均是 8 小时，也可能长至 20 小时，这取决于医院是否处在满负荷运营的状态下。为了减少等待时间，医院开展了一个需要来自不同部门积极合作的项目。

这个项目需要一些不同的部门和急症部门进行有效的合作：诊断部门被要求更快地传递测试结果，护士则负责管理离开医院的人。

领导层沟通被证实是达成成功合作的重要因素之一，同时，员工自身对提高现状的真切渴望也很重要。其中一位急症部门的管理者描述道：

“在开始这项研究前，我会和每位管理者说：‘这是我们的计划，这是我们需要达成的目标。’药品部门、放射部门和实验室的人都能接受。我说：‘可能会在你们身上多加一些负担，也需要你们能相对更快地传递挂号单。这肯定会给你们增加不小的工作量。你们愿意接受吗？’他们没有一个人有一丝犹豫，一起说道：‘那就这么干吧！’他们都立马开始解决一些问题。这是一种团队努力的精神。”

★★★

就像布莱迪的研究表明的，合作很重要的一个支柱就是不同团队和部门之间强有力的沟通，但是对创新同等重要的还有团队成员之间保持和谐的关系并与团队以外的人保持沟通。通过与那些团队外的人保持良好的关系，人们可以在他们研究的问题上获得更多元化的想法、意见和新观点。研究建议，这些关系不一定需要很强，但是与团队外的人交流确实需要保持较高的频率。

莫纳什大学的管理学副教授吉尔斯·赫斯特又进一步研究了非直接联系的重要性，所谓的非直接联系也就是人们说的二度人脉或更远的关系。

赫斯特和他的同事找了 223 位来自中国医药公司的销售代表，并试图发现他们从各自的关系网中获得的多元化信息和理念。为了估量这些，他们确定了每位参与者在网络中有多少个“非重复”的联系人。非重复性关系的定义是参与者与网络中的人不会有直接联系，但是那些人会把参与者放在自己的直接联系圈子中。

在评估了每个人的关系网中非重复性的人员数量之后，研究者又评估了每位参与者的创新行为，比如他们在推广产品时使用的新方式，他们为了增加客户销售产生的主意和他们为与那些难以接触的客户建立联系所用的方法。研究者发现员工的创新性和他们关系网络中的非重复性数量有着很强的关系。

★★★

回到组织中来，有纵向的和横向的两种可以考虑合作的方式。

- 纵向合作指的是员工可轻松地和他们的管理者分享意见，同时他们的管理者也对这些建议很有信心。
- 横向合作指的是员工都对各自的工作很感兴趣，在工作中不断告知对方新的进展，同时还能与其他员工分享信息和知识。

来自蒙特利尔工学院的教授赫兹·拉比艾尔对这两种形式的合作方式对创新的影响很感兴趣。

拉皮埃尔和她的同事文森特-皮埃尔·基罗斯调查了加拿大高新技术公司的 122 名员工。员工被问及他们如何与其他人合作（或不合作）——无论是纵向的还是横向的，且公司的创新产出也被评估了。

研究者发现纵向和横向合作都对公司层面的创新有着显著的影响。所以，领导者应该确保团队内部和团队之间都有合作。但是确保员工感受到能够与他们的管理者合作并获得支持也是很重要的（这在第 7 章中讨论过）。

吉森大学的维罗纳·穆勒发现，集体主义和合作环境在生产突破性创新产品的过程中极为重要。突破性、颠覆性创新具有很高的新颖性和复杂性，所以，那些有着良好团队协作的公司在提高这类创新上会非常有效率。

★★★

有一点会对合作形成挑战，那就是很多公司现在都有弹性工作制。也就是说，员工可以经常在办公室外工作，而且不用按标准的工作时间上下班。考虑到我们喜欢在 Inventium 做一些我们自己理念的实践，所以我们思考了如何在两个世界里有效地合作。

我们的办公室经常非常吵闹。团队会被安排在两张非常长的会议桌两边，人们在和其他人交流沟通时经常会大喊大叫。那里还有很多休闲式的办公地点和几处正式的地点，但是随着团队快速地扩大，公司里已经很少有安静的地方了。所以，我们觉得有必要也实施弹性工作制，但是要以一种与以往不同的方式。

我们对弹性工作安排最大的担忧就是，如果每个人都按照自己的时间工作并不在办公室里，那么我们永远不会在同一个房间内。所以，我们把周一和周五定为我们的合作日，这两天就不执行弹性工作制了。除非团队有客户会议或小组工作，否则每个人都必须从早上 8 点半到晚上 5 点待在办公室内。我们把所有的团队会议都安排在这两天，大部分非正式的合作也是在这两天产生的。然后，从周二到周四，团队可以分散，人们可能会在国内或国外出差去帮助不同的客户，也可能在家里、咖啡厅或者图书馆里工作，如果他们想要一段时间不被打扰并迅速把大块的个人工作完成的话。

这个模式提供了对不同工作方式和项目对个人需要的支持，但同时也确保了合作不会被完全丢掉。周五的时候一般都会排满了不同项目的团队会议，如果你问一个团队，他们会告诉你周五是他们最喜欢的一天，因为通过合作时常能激发出令人兴奋的机会。

关键点

- 公司部门的独立性对创新来说是一个阻碍。想想你可以打破这些部门独立性的方法。
- 设立一些创新冠军组，并让他们在组织的不同团队和部门之间鼓励合作，而通常这些团队和部门不会主动合作解决问题。
- 考虑像阿诺玛丽那样围绕着项目组建团队，而不是把项目交给现有的团队。
- 如果你觉得你足够有勇气，可以考虑从维尔福公司中吸取一点经验，让新员工在决定要做哪些项目时，自然地与他们想要的任何团队合作。
- 如果执行弹性工作制，考虑它会如何影响合作；同时最好将一两天设定为非弹性，以确保证弹性工作制不会给合作带来更多挑战。

第3部分

领导层面的影响因素

很多年以前，一家全球知名的会计师事务所请 Inventium 为其做过创新能力建设的测试项目。测试结果发现，绝大多数的合伙人无论从工作穿着、眼界到态度都十分保守。只有一个合伙人例外，他的工作装是 T 恤和牛仔裤，他信奉自由主义，他鼓励员工“更多试错而不是寻求许可”（这意味着要多多走出去尝试新事物而不是等待指示），他的所作所为被他的同事当作特立独行的典范。他的风格也自然而然地反映在他的团队上，在我们所知道的所有团队中，他的团队也是目前为止最具创新力的团队，团队成员积极尝试，创造了许多这家公司前所未有的创新成果。

领导者在创新引导过程中起着重要的作用。人们总是下意识地听从上位者的指示，这是一个从小孩就开始的行为，一直持续到工作中。中国成语“上行下效”“上梁不正，下梁歪”就是在讲组织中的全部问题都可以从领导者身上找到答案。组织的领导者（往往是最高领导者）会对我们在工作中的行为定下基调。

这一部分描述了领导者怎样有意识地创造创新氛围。第 7 章探讨了监督者怎样才能促进直接下属的创新表现。研究表明监督者的行为对人们的创造力水平有重大影响，并且监督层支持程度的不一致也是抑制组织创新表现的重大因素之一。

第 8 章描述了组织的高层领导者怎样推动创新文化。当监督者在创新文化上有重大影响时，毫不令人惊讶的是，高层领导者会对创新文化有着更大的影响。高层领导者必须感知到创新的努力，否则，很难创建一种始终如一的、全面的创新文化。

时间、金钱和人都是为创新投入资源的某种形式，他们在创新文化中起到了重要作用。如果员工认为领导者并不为创新提供资源，这就会让员工认为领导者只是在做表面文章。第 9 章描述了领导者如何在时间、金钱和人上面为创新提供资源。

最终，领导者需要为创新的蓬勃发展制定足够清晰的目标。如果员工对他们的工作目标并不清晰，创新很有可能会走上弯路。第 10 章讲了领导者需要制定什么类型的目标，也讲了如果没有制定清晰目标的话，很有可能会发生什么。

第7章

管理者的支持

“好”是不够的

我们肯定和这样的经理工作过，当我们向他们描述一个伟大的想法时，总能听到“我们3年前就试过了”或“这不会起作用的”。但我们知道，在一个创新环境中，高级领导者理应有相反的反应（即便对那些不那么“伟大”的想法）。

Vimeo的总裁戴耶·梅伦坎普这样描述她对新想法的反应：“我认为我做得很好的一点就是我是个啦啦队员。当然不是高中的那种，我会对新想法特别感兴趣，热爱新的想法，却并不关心它们到底从哪里来。我对一个伟大想法的反应一般都是‘哇，上帝呀，这太棒了，让我们做吧！’我知道我并不总是有最好的主意，我仅仅是偶尔会有那么几个。我也会对我自己的主意感到兴奋，但是我真的会为其他人的伟大想法而感到特别激动。”

如果所有的经理都像梅伦坎普多好。

★★★

梅根·凯彻负责为迪士尼的主题公园提供新的商品零售想法，梅根·凯彻和她的经理曾一起拿过大奖。在2011年，为了能对她在迪士尼的工作更有帮助，她产生了去纽约州立大学布法罗分校攻读创新方向硕士学位的想法。

"曾有段时间我过得特别艰难，我都想半途而废了，"梅根·凯彻回忆道，"太遭罪了，而且我太累了。我读了一年，并且完成了创新领导力的部分。我自信我已经了解到创新性解决问题的方法，并且学了一些其他的创新模式，我认为我可以翻开下一页了（没必要继续读）。"

梅根·凯彻记得当她这么对经理说的时候经理的反应，梅根·凯彻谈道："她令人不可思议地一直都支持我的决定，但是同时她也鼓励我读完这个学位。她说：'你应该留下来，你需要完成这个。'"

所以梅根·凯彻重整旗鼓，并且在2014年获得了学位。她说："如果我没有读完这个学位，我不认为我能开拓设计思维，而这对我的工作十分重要。我们开始更关注我们的客人，我们观察并倾听他们的想法。我们问，他们做什么呢？他们说什么呢？还有什么需求是我们能提供的呢？怎样才能让我们的品牌沁入他们的生活？最重要的是，为什么？这就是设计思维，它帮助我们把客户放在创新路径的中心点，并且让我们能够以新的方式建立整体沉浸式零售体验。

★★★

有大量关于经理层关注建立创新文化对组织和个人的影响的研究。这个结果可能并不令人震惊，研究也表明，团队对领导者的整体印象与他们能不能在创造性项目上成功有很重要的关系。除此之外，那些觉得经理支持他们工作的人在创新性项目上表现更好。

> 这个结果可能并不令人震惊，研究也表明，团队对领导的整体印象与他们能不能在创造性项目上成功有很重要的关系。

特蕾莎·阿玛贝尔教授证明经理往往以两种类型的行为支持团队工作：

1. **任务导向型行为**，包括那些经理能够提供明确的资源和人事结构的活动。例如，任务导向型行为包含对个人角色有清晰的定义，帮助员工设计并且架构项目，并提供员工必要的资源。
2. **关系导向型行为**，包括对雇员友好且支持，有同理心，对个人的感受和福祉有所考虑。

特蕾莎·阿玛贝尔和其他哈佛商学院的同事有兴趣进一步深入了解经理人的行为到底怎样影响创新表现。他们很想知道，员工对经理的看法如何影响每日的创造力；什么样的行为有正面或者负面影响；这些观念对创新的影响是什么。

为了调查这些问题，特蕾莎·阿玛贝尔和她的同事在"领导者行为和创新型工作环境"的研究中采访了 238 位工作在诸如高科技、化学和消费品行业的员工。所有的参与者都是"知识型员工"，并且创造力都在他们的工作中起到了至关重要的作用。所有的参与者都被要求每日记录工作日志，工作日志中包含了几个必须回答的问题。具体来说：

1. 简要描述今天一件与你目标项目相关的且印象深刻的事件，你对这个项目的感受是什么？你对这个项目做了什么？团队对这个项目怎么看？团队工作得怎么样？
2. 写任何你今天想报告的内容。

员工同样被要求描述他们的经理是否在当天支持他们，为了评价创新结果，在每个月月底，员工都会被要求就他们在本月对项目的创新贡献进行评分，同时也要对他们的同事进行评分。

在持续关注这些员工和项目团队长达 2~9 个月（根据项目长短不一）之后，正如预测的那样，员工对监督者的支持力度的感知与他们的创新工作表现有重大相关性。数据也揭示了什么样的领导行为对创新是有帮助的，而什么样的行为没有帮助。

有帮助的行为有如下 4 类：

1. **支持行为**，包括主动支持团队成员的行为和决定，时常和团队成员互动，公开个人信息，帮助减少团队中的压力和负面情绪。从本质上说，那些真正表现出对团队同理心和情感支持的经理对团队的创造性有正面影响。
2. **监督行为**，这种监督行为不是指对事情严加看管，锱铢必较，而是与团队有经常性的交流，对团队提供有用的反馈。当问题出现时及时提供帮助，而不是过度控制。
3. **认同行为**，指的是那些积极行为在私下和公开场合都被认可。
4. **咨询行为**，指的是在与团队沟通中采取合作的态度，询问他们的意见与建议，倾听他们的想法并且尊重他们。

总而言之，积极行为可以划分为特蕾莎·阿玛贝尔最初分的两类，即任务导向型和关系导向型。对经理而言，兼顾两种行为对团队有最佳效果。

特蕾莎·阿玛贝尔发现，一些行为会降低员工对经理支持力度的感知，继而减少他们的创新表现。这些行为包括，不能提供明确的项目，并且不能为项目提供切合实际的截止日期；过度控制，事无巨细且提供无建设性的反馈；对团队的工作表现出不感兴趣；不是在制造麻烦，就是在麻烦出现时不能解决问题。

尽管这些研究并不是为了展示原因和结果，但是，从工作日志中你会发现，经理怎样做与他们直接导致的结果（好的或坏的）有直接关系。例如，一名员工这样说：

“在苏经理和团队成员共同参与工作会议后，团队渐渐从一个由苏经理领导的团队变成了每个人平等的团队。这使得人们更外向，愿意讨论更多想法，并且取得了更多进展。”

另一位员工这样描述经理带来的负面影响：

“我总有种感觉我没有尽全力，当我寻求工作时要么没有得到工作，要么就是做无用的事情，这让我觉得十分沮丧。”

我们或许能够预测到这些反应。我确信，我们当中的很多人都在这样的环境中：要么和一个特别棒的老板在一起工作，他包容，支持，让我们的工作更轻松简单；要么和一个特别“恐怖”的老板一起工作，他锱铢必较，不能提供有意义的反馈，并且不关心我们的幸福。我们应当重视老板的这些行为对员工创新能力造成的巨大影响。

这项研究中实际上有很多的关键点。首先，一位优秀的经理需要与你的团队建立牢固的关系，要真诚地关心团队。诸如对团队成员表示关切，公开个人信息，表达同理心，甚至与团队一起参加社交活动，这些都能帮你建立更有支持力的关系。

其次，当谈到驱动创新时，仅仅关注人际关系管理是不够的，另一个需要考虑的因素是任务驱动型行为。帮助你的团队跟踪他们的进展（并不是事无巨细），对他们的工作提供反馈，以咨询的态度做决定，制定适合的目标，清除团队前进过程中的绊脚石，这些都是驱动创新的重要因素。

第 2 章讨论了自主权的重要性，在这里同样值得再次强调：这是经理为支持创新做的最重要的事。雷格·奥尔德汉姆教授和他的同事安妮·卡明斯调研了控制型和非控制型经理对创新结果的影响，他们发现员工在提供了大幅度自主权（非控制型）的经理手下工作表现得更具创新力，产生了更多的专利，并且更不可能离开组织（此处请参见第 2 章）。

加州大学圣芭芭拉分校的助理教授凯瑟琳·拉姆斯对经理行为对员工创建环境创新动力的影响十分感兴趣，来自总部位于欧洲的几类大型公司的 300 多名员工参与了调查。

所有参与者都需要描述他们的经理表现出的行为类型，且需要回答他们的经理是否更支持创新。结果表明，如果员工有一位支持他们的经理，员工更容易创新。特别需要指出的是，如果经理鼓励员工提出新想法，对他们的想法提供反馈，对做得好的工作提供认可，对目标和预期指示清晰，那么员工更容易创新。

拉姆斯发现那些支持员工创新的经理，将员工发展和促进创新的水平从 34%提高到 55%。

来自乔治梅森大学的马修·里德蒙德和他的同事对实验室环境下的领导力十分感兴趣。在这种环境下，研究者可以研究受控的操作行为对创新的影响。一共有 96 位学生参与了这项研究，他们被要求解决一个市场问题（所有学生都曾至少解决过一个市场问题，所以他们都有相应的知识储备）。

所有参与者被要求扮演营销实习生的角色，并被告知他们由加尔先生领导，加尔先生则由一位经验丰富的演员扮演。研究者感兴趣的是，在解决市场问题时经理为员工建立的信心对执行结果的影响。为控制变量，加尔先生告诉一组人他们在项目开始前的测试中表现优异，而其他人则被告知他们只是中等水平。

研究者发现，经理有意为其建立信心的那组参与者给出的解决方案具有更多的原创性且质量更高。研究者还注意到，提高下属的自信心水平能使下属更主动地将工作完成好，并且方法往往更独创且新颖。这项研究也与金伯利·查西教授的实验有着相似的结果，查西教授发现，仅仅告诉员工他们是有创造性的就能在问题解决任务上有显著影响。

★★★

所以现在我们知道，提高团队自信心，在布置任务时清晰明了，与团队成员建立牢固关系是营造团队创新氛围的重要因素。还有一点需要值得注意的是，作为一位经理，你需要花足够多的时间与团队在一起，去倾听，去支持他们的创意想法。

在 Foursquare，创始人兼 CEO 丹尼斯·克劳利对所有人都能直接与他接触这件事非常重视。在 Foursquare 的“主馆”，集合了宴会厅、乒乓球馆和全体员工会议室。有一块特别长的黑板占据了一面墙的空间，在这面墙上，所有人都可以预约和克劳利的会面时间，以 10 分钟为一个时间段，向全部员工开放。在这种会面方式中，员工提出创意或者让自己的想法肆意碰撞。方法如此简单，这是一个展现领导者亲近员工，支持新想法、新创意的绝佳方法。

关键点

- 经理提供的创新支持对营造创新氛围有着重要影响。
- 作为一位经理，需要把关注点放在任务导向型行为和关系导向型行为上。任务导向型行为指的是经理能为任务提供清晰的指示，足够的资源和结构化的员工角色。关系导向型行为包括对员工友善并支持，有同理心，对他们个人的感受和福祉表现出关心等。
- 增进员工信心对创新表现同样有重大影响。所以，作为一位经理，持续性赞赏创新性行为会对引导创新有积极作用。
- 让你的团队成员都能接触到你，并且留出时间去倾听他们的想法。

第8章

高级领导者的支持

如何插柳成荫

戴瑞克·奥冬奈尔是富有活力和激情的爱尔兰人，在创新还不是一个流行词的时候，这位供应链管理的资深领导者已经证明了创新在可口可乐中的重要性。戴瑞克·奥冬奈尔还是可口可乐阿米提尔 Innov8 的执行发起人，他创造并发展了这个项目，这个项目为可口可乐公司 6 000 余名员工提供了一条自下而上促进创新的路径。8 年来，戴瑞克·奥冬奈尔仍然在鼓励创新中起着关键的作用。

戴瑞克·奥冬奈尔最初的想法是鼓励越来越多的人能够提出想法，但并不承诺所有的想法都会被实施，所以重视想法的质量和关注想法的数量一直都同样重要。在可口可乐提出这样的想法，实际上是一件很有挑战的事情，因为，可口可乐的员工分散在从制造车间到仓库的各个岗位上，并且那些上夜班的人永远不会有机会和总部的人沟通。戴瑞克·奥冬奈尔并不仅仅选择那些在总部工作的人来推动创新，他还把他的目标范围无差别地扩展至整个公司的全部工作人员，他鼓励所有人参与创新，不管员工是什么角色、什么岗位，在哪条生产线工作。

戴瑞克·奥冬奈尔回忆起 Innov8 创立第一年，布里斯班仓库管理员提出创意的事情。这名员工是夜班工作者，他从来不曾参与白天进行的讨论和活动，所以他并没有发现自己刚刚提出的创意实际上已经被应用在其他团队上，并且该创意将于下个月在全公司正式实施。

这时候，戴瑞克·奥冬奈尔可以仅仅发给这名员工一封邮件，但是他采取了一个不同的、更个性化的举动。“我把闹钟定在凌晨两点钟，并且在那时打电话给他，”他回忆道，“我说：‘嘿，我是总部的戴瑞克·奥冬奈尔，我打电话只是想和你谈谈你建议的创新。’接着是一个长长的停顿，就好像一整个孕期那么长，因为我也不确定他到底有没有接到过从总部来的电话。”

“需要我重新再说一遍，我为什么打电话吗？”戴瑞克·奥冬奈尔说。

那名员工回答道：“我只是不相信，真的是你给我打电话。”

“好吧，这只是关于你创意的一个电话，这真的是一个非常好的主意。但是我不得不告诉你一些其他的事情，我们并没有接受你的创意，这是因为我们已经在其他团队中执行了这个创意，而且这个创意将在未来 4 周的时间内在你的工作地点执行。”

那名员工说：“你知道吗，我真的非常感谢你告诉我这些话，并且是打电话告诉我！”

戴瑞克·奥冬奈尔仍然记得那通凌晨两点钟的电话在这名员工的长期创新上起到的作用。尽管他遭到了拒绝，但他仍然不停地为这个项目提供大量新的想法，并且成为这个项目最大的贡献者和建议者之一。虽然创新常常被认为是提供一些想法，但是，对待员工以足够的平等和尊重，能促进他们源源不断地贡献新的创意，而这些创意最终会导致业务改进中的持续创新。

★★★

当我怀我女儿的时候，我常常会和我的一个发小谈心，我们 5 岁就认识了。莫尼克有 4 个孩子，全部都是 7 岁以下，并且她是我所有朋友当中最专业的母亲。毕竟我即将经历的事情她已经经历了 4 次，并且快速地恢复了过来。

在我和她的一次谈心中，我们聊到了孩子出生之后需要预定的所有事情，比如学校、保育和睡眠学校等。

“睡眠学校？”我问道。尽管我知道我将会被长期剥夺睡觉的权利，但是我并不认为我需要去学校学习怎么样才能睡觉。

“是的，”莫尼克说，“为了你的孩子，你需要学习如何让孩子睡觉。”

“我可以的。”我重申道，我认真阅读了所有的育儿书籍，并且知道当我的女儿一出生，我就会让她按照规定作息，并且一定会这个样子。其实我并不知道，这个作息实际上不是由我选择，而是由她选择。

当我女儿 8 周大的时候，她在任何条件下都不会一次性睡觉超过 2 小时。当然，或许她有一次能够睡觉超过 3 小时，但当时我真的是太困了，所以根本不记得。而且我发现，所有妈妈群中的宝宝都已经能整晚睡觉（或者至少一次性睡 4~5 小时），这对我来说就像天堂一样。我赶紧给莫尼克打电话，我问道：

"你推荐我去哪所睡眠学校来着？"

第二天我就约了莫尼克推荐的睡眠学校，这是她口中最好的学校之一，我成了睡眠学校等待清单中的一员。尽管听说等待期要长达12周（当你有个不睡觉的女儿时，你会觉得这12周漫长得像一生），我终于还是在我女儿 3 个月大的时候成功预约到了睡眠学校的一个席位。

睡眠学校改变了我们的生活，在睡眠学校的5天成了我和我女儿在最初几个月的母女生涯当中最幸福的5天。时隔3个月，我头一次有了长达6小时的睡眠，我感到如获新生！我女儿在睡眠学校里就像超级明星一样，她对我们学到的所有技巧都做出了出色的反应，我们终于有了对我们母女俩都好的作息时间。

在就读睡眠学校之前，我曾经在墨尔本的妈妈群里了解到许多妈妈的经历。我记得我在读那些文章时，就常常想到自己，我非常希望能够在就读睡眠学校之前就了解更多的技术细节，这些技术细节能让我在就读之前就运用在我和我女儿的作息中。

所以在我读睡眠学校的第一天，我就决定要开博客，我下定决心要把在睡眠学校中发生的每件事情和我学到的一切都记下来。这样，那些在等待就读睡眠学校的妈妈，或者那些没办法承担睡眠学校费用的妈妈，都能够从这些改变生活的技巧中受益。除此之外，我觉得记下所有的事情是个很好的方式，因为真的有太多的事情值得我们学习了。

我买了一个域名（notanothermumblog.com），并且建立了一个免费博客，写了我的第一篇文章。我在墨尔本妈妈群里发了网站链接，并且在关注我所学的妈妈群里也发了一个连接。连续5天，我每天都在博客上记录我的课程，5 天课程结束之后，我查了一下网站浏览量，竟然有 10 002 次。我仅在两个地方发了我的博客链接，竟然已经产生了“病毒般”的传播效果。

我一直在坚持写博客，记录下睡眠学校之后的经历。当我们周围有一群来自睡眠学校的优秀护士时，你会发现在睡眠学校中学到的技巧都非常棒，但当我们回到家，我们都会有一些紧张，担心这些技巧是不是依然有用。诚然，这是有效果的。在经历过这些之后，我下定决心要让更多的人知道这些技巧，博客显然是不够的。

第二天，我联系了拥有睡眠学校的那一家医院的 CEO。我告诉她，我想把我的经历和这些技巧写成一本书。她似乎对这个想法非常兴奋，希望我尽快见她来分享更多的想法。但是，她以需要咨询市场和法律部意见的说词结束了和我的会面。

我同她告别的时候还是很乐观的。毕竟，如果 CEO 支持这个主意，那么写书这件事肯定会运作得非常棒。

几周过去了，我追问了她许多次，她终于反馈意见给我，答案是不行。我问她为什么？她说，睡眠学校不希望把技巧分享给那些没有来过睡眠学校上课的人，而且他们觉得如果这样做的话，会减少来睡眠学校就读的人数，和排队等待就读睡眠学校相比，人们可能更喜欢读书。

现在，我希望你和我一样能感受到当我第一次听到这则消息时的震惊。很显然，我反对她说的所有话（难道她不知道一本书是建立品牌认可度的最有力的手段吗？不知道书会显著地增加入学人数吗？难道她没有在几周前跟我抱怨，目前睡眠学校面临的最大问题就是，等待周期平均长达 12 周吗？）。

整个经历让我觉得很挫败，我基本上打算自愿为他们写一本绝佳的市场营销书，他们却拒绝了，这是因为他们不想承担风险。而另一个让我觉得失望的点是，领导者也没有承担风险并将我的想法努力向前推进。

当领导者面临是否要支持创新的抉择时，他们选择了更安全的方式并不少见。我最近在和一家跨国技术公司的澳大利亚领导层团队合作，当创新已经成为公司发展的全球性战略的时候，澳大利亚地区的 CEO 却畏惧创新，因为创新也意味着承担风险。并且，这种恐惧也渗入了公司业务的方方面面，因为员工得到了从上层传来的某种讯息，他们在做不同事情的时候，也会变得更为紧张。

★★★

塞缪尔·亨特和他的同事卡特里娜·贝德尔以及迈克尔·芒福德发现在创建创新环境时，第 5 个最重要的变量就是，高层领导者是否真心支持创新。在我们对 Inventium 的研究中，我们发现，在创新和非创新公司间最大的区别之一就是，员工能够感觉到高层领导者是否真正在实践层面上理解创新，且这种创新并不只是嘴上说说。

遗憾的是，我发现有许多停留在嘴上说说的创新。我常常在世界各地的企业会议中讲创新的关键要素，这些关键要素常常被许多事情触发而来，如公司决定创新是本年度的主题；创新成为一家公司的重要战略支柱；或者 CEO 向股东宣布，公司的未来是通过创新实现增长的，并且需要主旨演讲人把这些信息记录下来。

我发现这些会议常常可分为两类：

1. 领导者认真对待创新的会议。

2．领导者只是嘴上说说，而并不真正理解创新的会议。

我就是在第一类公司里，公司领导者在会后会整理出一个清晰明确的战略计划，来使组织全面走向创新。领导者常常会把必要的资源（如时间和金钱）预留出来，以帮助员工创新。我刚刚在一家全球建筑公司的会上做了演说，会上，他们就当场任命了 5 个区域的 5 位创新负责人。除此之外，他们还公布了一个详细的金融扶持创新计划，我知道他们对待创新是非常严肃认真的。

讽刺的是，我常常参加各式各样的会议，在会上我都被要求做类似于“做不一样的事”“颠覆未来”或者关于“创造创新，激励”的主旨演讲。在准备我的演讲主题时，我常常会和公司的管理层谈话，讨论一下会后他们关于创新的计划。当我听到“让我的团队去解决吧”或者“可以让每个人决定，他们应当如何使用你的创新课程”时，我就知道关于创新他们需要学得更多。虽然高层领导团队愿意授权给属下是一件好事，但如果领导者不提供必要的方向、关注点和资源，计划往往付之东流。如果他们不提供这些，那么创新也不会发生。

★★★

领导者可以用多种方法来展示他们对创新的支持。我见过最有效的方式就是，他们象征性参与创新的行为，这几乎能成为组织内部的传统。

> 我见过最有效的方式就是，他们象征性参与创新的行为。

这句话最强有力的证明是我从 Etsy 的 CEO 柴德·迪克森处听到的。

在 2010 年底，当迪克森还是 Etsy 的 CTO 时，他决定去北卡的一个叫

Ocracoke 的岛度假。为了防止你从未听过这个岛的名字，我来简单介绍一下，这是人们在夏天度假的目的地，大多数时候，要到达这座岛，只能乘坐摆渡船。而在冬日的度假季节，这里最多只有 700 名居民。

“当下定决心冬天去 Ocracoke 度假时，我就想去看看，这个遥远的岛上是不是有 Etsy 的经销商？答案是肯定的，岛上有位叫玛丽的卖家。”迪克森解释道。

“我给玛丽发了一条消息，并且说：‘嘿，我知道这听起来很奇怪，但我打算在 Ocracoke 度过未来的几周假期。我是 Etsy 的 CTO，我想和你约个时间见一下面，并且想和你聊聊你过去的经历，因为我觉得和那些正在 Etsy 卖东西的人交谈是一件有益的事。’”

玛丽马上给迪克森回了消息。“接下来，我和她坐着她的吉普车一起去海滩。她是位摄影师，她带我一起踏上每日拍照之旅。那片海域竟然有海豚，它们非常非常漂亮。”迪克森说。

迪克森继续解释道：“和 Etsy 的卖家在一起，对我们思考如何塑造 Etsy 非常重要，毕竟有许多卖家在 Etsy 工作。由于 Etsy 是个有线下交易活动的线上商业公司，当我们在思考创新和如何塑造这家公司的时候，我们试图让自己进入卖家的环境中，设身处地考虑他们的需求。”

那次旅行的收获巨大，但是更大的影响却是这次旅行给公司传达的信号：高层管理者不能把亲近客户与站在他们的角度驱动创新仅仅停留在口头上。

另一个领导层鼓励创新，并以客户为中心导向的例子是，Etsy 的领导层在几年前发起了一项名为“家即假日”的行动。Etsy 的员工来自全美，Etsy 会给回家度假的员工发专门用于与家乡 Etsy 卖家见面的补助。

“我们有很多人，”迪克森回忆道，“我们在波士顿、西雅图等许多城市都有见面活动。员工邀请 Etsy 的卖家并与他们见面。哪怕只是在布鲁克林的街区散步（Etsy 总部在布鲁克林），我们也总是和那些使用 Etsy 的人见面。”

★★★

领导者能做的对创建创新文化最有效的一件事，就是让人们以一种走出来的方式，参与创新。在 6 年的研究中，杨百翰大学的杰夫·戴耶教授和他的同事调查了 3 500 多人，这些人当中，包含了在各行各业工作的高级经理人，以及一些创立新事业或者发明新产品的个人。研究人员把参与实验的志愿者分成了两组，一组是在创新企业工作的领导者，另一组是在非创新企业工作的领导者。

> 领导者能做的对创建创新文化最有效的一件事，就是让人们以一种走出来的方式，参与创新。

在分析完这些领导者常参与的行为类型后，我们发现两组的差别是非常显著的。在非创新企业工作的领导者认为，他们的工作是委派或者协调创新。和撸起袖子干活，与客户讨论，树立典型与测试想法相比，他们更喜欢让其他人去做这些工作。

与之相反的是，在创新企业工作的领导者则认为创新是自己的工作。你常常能在各种场合见到他们的身影，比如，他们可能会和不同的人聊天来讨论他们的想法；他们可能会走出办公室，找不同的人测试创新想法，他们常常会问许多问题，并能得到了很多反馈。

而且这些差别还不小。在创意企业工作的领导者，他们当中有几位是

CEO，对比那些在非创新企业工作的同行，他们在被研究者定义为“发现性活动”上面平均多花了50%的时间。发现性活动大概有：在看起来截然不同的信息里寻找联系；提出问题，并且向假设提出挑战；观察客户和他们的行为；试着用新想法，用不同的关系网测试新想法。

★★★

研究者也对这类问题感兴趣，即高层领导者的支持是对渐进的开发创新，还是对有突破结果的探索创新更有用。来自吉森大学的维洛妮·穆勒和团队同事针对此问题进行了研究。

在一个包含46项研究和12 000位受访者的元分析中，他们调查了领导力类型对不同创新产出的作用。在他的研究中发现，那些集权式的或有强势独裁领导的公司，更能产生突破创新结果。研究者解释到，对于高风险项目而言，探索创新需要来自高层管理者的强力支持。因为分流效应，这些支持能够让他们克服来自普通员工和中层管理者的阻力。与之相反的，这种管理风格，对低风险的渐进式的创新并无特别影响。

欧兹马戏团的联席CEO和艺术总监麦克·芬奇就是戴耶所描述的动手创新型领导者。“如果我有选择的话，”芬奇说，“创新是我唯一要做的事情。”芬奇的创新发现能力是在一个热气球的故事中体现出来的。

一些关于热气球的事很多人可能并不知道，因为过了一定使用年限之后，热气球就特别危险，它们会开始腐烂，接下来热气球的上半部分就会被切掉，然后气球被报废。一次偶然的机会，欧兹马戏团的道具设计师戴维·墨菲拿到了一只只有一半的气球，芬奇回忆道：“戴维把它拿给我，并说：‘让我们开始玩吧。’因此我们拿着半只气球玩了一整天——就我们俩——我们把这只仅有上半部分的气球充气，充气的气球占了我们整个排练场。如果你把它放在地上，并给它充气，气球就会在原地膨胀，这是因为热气球表面材料的重量让它留在了原地。”

我们发现特别壮观的一件事就是，当你站在充好气的热气球一边，然后使劲地拽它，整个热气球就像在翻眼皮一样卷动。热气球并不会塌陷，这是因为空气还在气球里面，并且会四处游走。还有件特别好玩儿的事情就是，在热气球充好气的时候，气球中心有一根绳子，你可以用力把绳子向下拉动，然后整个热气球就会落下摊成一堆布料。

使用热气球的各种可能性在迈克的脑子里面盘旋了很多年，他经常会把气球拉出来。从芬奇的描述中，我们知道了公司的人都怎么看迈克和他的热气球，人们会说：“哦，不，马克又把气球拿出来了。”

气球故事的结局是，大概 3 年前，气球实验再次进入了他们的视线。芬奇做了自己的热气球滑翔伞，这个比正常的要小一些，并且全部都是白色的。在整场演出开始之前，映入人们眼帘的是，舞台上有一个巨大的气球圆顶。当观众们都坐定之后，芬奇和他的团队用气球翻眼皮的方法让整个品牌徐徐呈现。

演出仍以气球作为终结。芬奇说：“我们把气球的圆顶效果做成我们的压轴戏，并且我们还把气球变成了一件衣服，我们的演员莎拉·伍德实现了我们的最终创意。她是一名歌手，她的歌声串联了整场演出，在表演结束的时候，她穿着白色的长裙被缓缓升起来，渐渐升到屋顶。裙子开始充气，直到把所有人都盖在她巨大的裙子下面，此刻的她，就像穿着一条有着巨大裙撑裙子的巨人一样。紧接着，音乐到达高潮，她从中间跳下来，我们拉动了裙子中间的绳子，所有的一切就像消失了一样，所有的东西都到了小盒子里，而她穿着内衣走出盒子，随着高跟鞋撞击地面形成‘嗒嗒’的声，全部的演出结束了。”

关键点

- 如果你是高层领导者，要确保你的角色是真正在做创新，而不是委派其他人创新。
- 作为领导者，你要想一下，参与什么样的行为才能让你对创新的承诺和对创新的支持成为一种标志。
- 在创新型企业工作的领导者，要比那些在非创新型企业工作的领导者更经常地参与发现性活动。发现性活动大概有：在看起来截然不同的信息里寻找联系；提出问题，并且向假设提出挑战；观察客户和他们的行为；试着用新想法，用不同的关系网测试新想法。
- 在追求突破或颠覆式创新的时候，有一个集权的，并且有决断的高层管理团队是至关重要的。正是因为有这样的高层管理团队，才使得那些看起来高风险的项目重见曙光。

第9章

资源

一不做，二（未必）不休

在 2005 年，Intuit 的管理团队都在学习谷歌和 3M，这两家公司都执行了一项名为“20%自由时间”的计划，领导层鼓励员工拿出 20%的工作时间来做自己制定的创新项目。研究表明，这项政策极大地调动了员工的工作参与感。受这个故事的启发，Intuit 的 CTO 问公司内部的几位管理者，“有谁愿意尝试一下这样的项目”？

休·莫罗茨在小企业事业部工作，他说:“我们的产品发展负责人回复了这项倡议，并且愿意尝试一下。我们在中小企业事业部，发起了一项名为‘非规划时间’的计划，我们预计在小企业部运行一年，并向整个公司汇报我们的进展。这次尝试几乎立刻就成功了，且其他几个业务部门的人也都跳出来说:‘好呀，我们也想去做。’”

到 2008 年，Intuit 的新任 CEO 宣布:“非规划时间”计划适用于全部员工。

跟所有员工说，你一周当中可以抽出半天的时间做任何你想做的事，这是个非常棒的主意。但是其他问题也接踵而来，你需要考虑的是在日常工作中如何切实可行。比如，员工是否需要为他们在自己设定的时间里具体做什么得到批准？

“只想倡议的目的就行，根本不需要批准。”莫罗茨解释道，“我们希望员工告诉他们的经理他们正在干什么，但却并不希望造成其他的担忧。经理或许能管控其他人，但这个项目最重要的目的是给员工自主权，这才是员工最感兴趣的地方。因此，我们看到这项倡议被广泛运用。”

在 Intuit，莫罗茨估计至少有一半的员工利用“非规划时间”解决客户问题；大概有 1/4 的人用在了流程优化上面，这使得工作更高效并更节约时间；剩下的人则把时间花在他们自己身上，比如说学一项新技能。

“人们积累大块的时间并加以利用，”莫罗茨说，“这是因为我们发现，对于我们所做的这种工作，连续花几天在同一件事情上，比每周做 4 个小时要切合实际得多。所以很多人会把每周的时间节省下来，积累成大段的时间来用。”

莫罗茨的团队每个月都会在公司的内部网站上向员工发起关于“上个月是否使用非规划时间”的问卷调查。结果显示，在一年的时间里，公司一半的员工都曾经用过。

> 我们只是简单地希望，让那些真正对非规划时间感兴趣的员工，不会因为其他问题，影响他们使用这些自由时间。

“我们觉得如果公司中有一半的员工在用非规划时间，这就是一件好事，这就是我们的目标。”莫罗茨认为，非规划时间实际并不适合公司的所有人员，他说，“老实说，许多人来上班就是有这样的感觉，‘我来这儿就是为了做我需要的工作，然后我就可以回家’。我并不想让员工觉得我们一定要改变他们的习惯，例如‘你必须做非规划时间’的工作。我们只是简单地希望，让那些真正对非规划时间感兴趣的员工，不会因为其他问题，影响他们使用这些自由时间。”

★★★

2012 年，领英公司首次向全体员工推行非规划时间项目，即“孵化器”项目。在公布这个项目之前，和其他公司一样，领英也有自己的黑客日。黑客日通常一个月一次，一般选择周五，员工们可以在这一天选择任何他们想做的事情。孵化器的想法，实际是来源于一个黑客日爱好者，他觉得一天的时间是一个限制，他在这一天里根本创造不了什么东西。解决这一问题的方案就是每个人都给予连续 90 天的时间来做自己想做的事情。但是，这也是有限制的，只有通过必要的审查机制才能获得全部 90 天的自主权。

在实践中，孵化器项目允许员工每季度向管理层提一次他们的想法，如果他们的想法得到管理层的认可，那么创意团队将有 30 天的时间来针对这个想法进行工作。30 天之后，管理层需要审查项目，如果项目仍然有前景，团队还会有 30 天的时间继续完善项目。在第 60 天这个节点上，会有一次最终的审查，如果团队仍然有比较好的进展，那么团队就会拥有下一个 30 天，同时领英的创始人雷德·霍夫曼也会全程跟踪并指导项目。

★★★

尽管，从理论上说，给员工一些时间让他们创新是特别棒的事情，但企业在提供这样的创新体系的时候，不得不考虑的另一个问题就是，我们当中的大部分人都不是天生的创新者。即使我们是天生的创新者，但经过学校教育之后，往往会阻断我们的创新之路，研究表明，成为一个有效创新者的技能是可以习得的。对一个组织而言，为驱动创新提供给员工必要的资源，并不只是给他们时间就可以了，还应该确保他们有足够的能力去创新。

为驱动创新提供给员工必要的资源，并不只是给他们时间就可以了，还应该确保他们有足够的能力去创新。

“在 Intuit，为保证每个人都能有效创新，我们教给他们两样核心竞争力，”莫罗茨说，“我们教 CDI（Customer Driven Innovation），即顾客引导创新。我们还把我们的设计愿景‘为喜悦而设计’（Design for Delight, D for D）教给所有人。这样，我们就告诉了员工创新的有效路径，并让他们了解如何确定自己的解决方案能真正解决问题。除此之外，我们有个创新催化系统，人们可以注册并学习成为一位创新催化师。当他们这样做的时候，他们会花 20%的时间来帮助其他员工了解何为 D for D，我们大概有 200 名雇员已经成为创新催化师。”

大部分关注创新的大型机构都有某种形式的创新催化师或创新冠军。在辉瑞，大概有 500 位创新冠军会拿出 10%~15%的时间来帮助和指导他人创新，雇佣这些创新冠军也提供了一些重要的学习机会。第一批创新冠军是由领导者任命的，他们大多是那些表现好的人，领导者想给他们新的机会。但令人意外的是，能在这样的角色里茁壮成长的人却并不一定是那些表现出色的人。

全球创新的副总裁温蒂·梅耶解释道：“我们发现，那些注定做这份工作的人是真正对创新充满激情的人，是那些希望了解并真正参与到组织内部商业挑战的人。他们热爱这份工作，愿意引导并和团队合作找到解决方案。”

在 2015 年，创新冠军的招募过程变成了先由候选人自荐，获得经理认可其相应的时间承诺后再行参选。梅耶说：“经过实施这项新举措，结果是令人难以置信的。我们找到了那些真正有创新激情的人，对他们而言，10%~15%的时间付出并不是一种负担而是一种乐趣。”

关于伟大的创新来源于自主时间这一论断，已经有研究佐证了这一观点。在萨拉戈萨大学任教的庇拉·马丁教授和他的同事研究了创新工作时间与产出的关系，来自西班牙瓦匠协会的 244 名志愿者参与了调查。被试者需要回答如下问题，如他们能否决定自己每日的工作内容，每日的工作量，他们的工作能否提供他们提升自己技能的机会。被试者也需要回答有关自己创新产出的问题，比如在工作的时候，产生新创意的频率大概是怎样的。

研究者发现，那些觉得他们在工作过程当中有更多资源的人，也包含那些能够自由控制自己的时间，应用自己技能的人，比那些缺乏资源的人更经常地参与到创新行为中。

★★★

当讨论到创新过程中有关金钱因素的问题时，我就不得不提到我在为 Inventium 做咨询的时候遇到的两个问题。一个问题是企业常常为创新过度分配资源（钱太多）。很多高管认为，为了促成更大的创新，你就必须要多花钱。如果一个创新计划并不能够起作用或立即吸引到足够的客源，领导者的直觉说，你应该多投钱。遗憾的是，这个怪圈常常会一直循环下去。

另一个问题则是钱少（投资到创新的钱太少）。我常常遇到一些组织谈论他们有多么重视创新，且创新在他们企业当中处于多么核心的位置，但是他们基本上不会投任何钱测试和落实那些有相当前景的项目。

Inventium 每年都会公布 *BRW* 澳大利亚创新企业排行榜。Inventium 负责评价分析并排名，我们每年都会收到成百上千的报名信息，每个报名的企业都需要完成 Inventium 创新审计（一个旨在测试企业在创新驱动因素上表现如何的工具），创新审计中的关注点之一就有资源分配。在今年的分析中，我们发现在表现最差的企业中，50%的雇员会说他们很少或者基本没有获得创新资源。考虑到进入榜单的企业都是认为自己富于创新的企业，这个数据让我备受打击，显而易见的，很多企业认为，他们可以不依靠任何时间或金钱的承诺，就能实现创新增长。

尽管一个成功的创新项目需要资金，但组织仍需要寻找一个中间地带。多谢保罗·格雷厄姆和他的 3 位同事，这个中间地带的答案就是小微投资（也叫种子投资），一种能获得更多认可和关注的方法。

回到 2005 年，格雷厄姆产生了一个改变传统风险投资的观点。他认为，和通过少量的投资次数，赌大额收益的相比，少量多次投资可能更有意义——给黑客投钱，而不是给衣服投钱。为将这个想法付诸实践，格雷厄姆和杰西卡·李维顿决定创办 Y Combinator（以下简称 YC），再加上特雷弗·布莱克威尔和罗伯特·莫里斯，新企业就这么诞生了。

一开始的时候，很多人（包括格雷厄姆）都不把 YC 当回事。在早年的日记中，格雷厄姆这样写道：

"在我们创业的第一个夏天，很多人到YC来拜访，他们来的时候是抱着一副给童子军上课的架势。但是当他们走的时候，他们基本上都会说：'这家公司一定会成功的。'"

在10年的时间里，YC的模式也在逐渐演化，但是不变的是赌小金额和多次数，YC会一年两次打开大门迎接创业者并为他们提供帮助。几年间（他们现在的模式变了），YC会向每家公司投资18 000美元左右，并邀请他们到硅谷办公，接着会给他们大概3个月的开发、试验和迭代的时间。

YC已经投资了可能是这个星球上最成功的一些创业公司，如Dropbox、Airbnb、Reddit、Stripe和Weebly，YC投资过的公司总市值加起来已经超过300亿美元。

很多大型机构都开始用种子融资进行多元化创业投资，通过这样做，他们还能减小风险投资的固有风险。在澳大利亚，德勤为能给公司带来未来成长的创意，提供了10 000美元的种子投资。德勤内部设有创新委员会，创新委员会由德勤的内部合伙人组成，合伙人每个月开一次会来决定种子投资投向哪里。几个月后，那些拿到10 000美元种子投资的团队需要再次回到创新委员会，向合伙人报告过去几个月的进展，如果进展尚好，那么他们会得到更多的钱。

Adobe在种子投资上有别的方式，他们称之为"自由搏击"（kickbox）。这个名词来源于创新KIT，是一个名为"自由搏击"的创新套件。

Adobe的所有员工都可以要求获得一个"自由搏击"套件。这是个体积小巧的红色盒子，盒子里面包含了员工可能需要的，诸如判断识别机会，找到解决方案，落实解决方案，最终测试新想法等所有必要工具。除此之外，里面还有一张星巴克的优惠券和一个巧克力棒（咖啡和巧克力是创业者最需要的两种食物），以及怎样创新的指南和一张预存 1 000 美元的信用卡。

受到硅谷黑客马拉松（Hackathon,又译为黑客松）的启发，Adobe 的创意副总裁兼“自由搏击”的创始人马克・兰道尔想创造一个可扩展的，让全部员工（而不仅仅是程序员）唾手可得的东西。就像 YC 模式一样，“自由搏击”是一种小微的投资方式，每名员工都可以申请这样的一个盒子，而他们的经理是不能驳回他们的请求的。在项目开始的两年时间里，有超过 1 000 个盒子分发出去，并且有许多非常棒的创意应运而生。

Adobe 的“自由搏击”计划对参与者是无差别对待的，所以所有人都能免费使用。这样类似的想法也出现在其他公司中，雀巢也创立了自己的模式，叫红盒子（Red Box）计划。食品事业部的 50 名雇员得到了这个装有“创新五步法”和 500 美元（用来测试创意）的盒子。这些人有 5 周的时间去创新，5 周后，他们需要在一个名为龙穴（Dragons’Den）的展会上展示创意，这个会议的嘉宾由雀巢内部高层管理人员和其他外部参与者组成。在所有参展的创意中，最好的 3 个会得到一个蓝盒子，盒子里面装有继续测试创意的资金。这 3 项创意现在都被推行开来，并且对于业务有了较为显著的影响。

在 5 周的比赛中，雀巢澳大利亚公司首席创意官发现了一些有意思的事情，她说道：“我们发现 500 美元起了很重要的作用，500 美元并不是一个大数目，但人们却因为这 500 美元而备受鼓舞。比赛中有严格的限制，这实际上促使人们联络雀巢的全球业务网络，而不是简单地花这 500 美元。”

澳大利亚联邦银行把创意盒子的理念更进一步，他们推出了 CANapult

活动，这是一项能促进创新实施并以游戏化的模式鼓励人们参与的活动。当员工有了新创意的时候，公司就会发给他一个 CANapult 罐。这个罐里面有管理层手写的话，还有一些帮助员工确定、测试和推销创意的工具。CANapult 活动分为 6 个阶段，所有的东西都会在罐里说明，罐里的内容会帮助员工确定他们的创意是否值得付出，以及怎么付出。这 6 个阶段是：

1. 确定创意——它是什么，它怎么做。
2. 发现客户所想。
3. 树立典型。
4. 通过商业模式蓝图验证创意。
5. 试验和尝试。
6. 向关键的利益相关者推销这个创意，以获得资金来推动项目。

CANapult 的一大特征是它把创新过程游戏化。“人们会随着每个阶段逐渐进步，”澳大利亚联邦银行的创新实验室负责人提赞娜·边可这样解释道，“他们有资格获得更多的奖励和资助，一个创意至少应该 650 美元。”创新团队时刻准备好帮助所有的参与者，除此之外，每位参与者都被分配了一个小伙伴，这个人一般和参与者有着相似的工作经历，可以一起分享经验。

“在银行内部，我们收集了许多创意，”边可说，“通过参加这样的活动，人们开始明白怎样创新。”

接下来，CANapult 会在银行外推广，邀请客户和供应商来共同创新。

★★★

斯坦福大学的丽塔·克缇拉教授做了一项关于缺乏资金对创新影响的

研究。丽塔·克缇拉教授采取了一种独特的方法来做这项实验，她追踪了从1980年到1996年这17年间，由麻省理工大学申请的1 397项发明专利。在这1 397项专利中，共有964项专利被授权使用并商业化。研究者对每项创新尝试都进行了调研跟踪，直到该公司将产品商业化（生产出产品并盈利），终止了专利授权或者结束研发，最终只有197项专利在研究结束时被最终商业化。

克缇拉教授用了几个维度，如公司新旧（公司在专利授权之前还是之后建立），行业竞争程度（由行业内企业数量决定），制造强度（单位运输成本下的制造成本）和市场规模（每年货运总量）来评估专利商业化成功或者失败的公司。

在他的分析中，教授着重研究了公司的新旧程度，这是因为公司的新旧程度也能暗示出公司是否缺乏为专利商业化所需的融资能力。他发现，缺少资金的创业公司更容易在有着众多竞争对手的市场当中获得竞争优势。同时，新企业也会在小型市场当中脱颖而出，并且在对制造能力要求较低的行业中表现出色。

本质上说，这项研究告诉我们，对创新企业而言，不需要财力雄厚就能把创新做好。这项研究同样关注于，在进入新市场时金融资源的重要性，对一家已经成立的公司而言，你并不需要为保障创新成果而投入过多的钱，尤其是当市场为完全竞争市场，或者市场很小，或者只有较低制造强度的时候。

关键点
• 为建立创新环境而投入时间和金钱是必要的。 • 考虑给员工自主时间，让他们来创新，但也要提供给他们成为有效创新者的必要培训（创新是可以习得的）。 • 不要陷入给创新太多或太少资源的怪圈里。相反，使用种子投资，即小额投资那些有前景的创新。 • 考虑建立自己的“自由搏击”活动，并且为大众提供小额资金。

第 10 章

明确目标

为什么蓝天思维是荒唐可笑的——这是一个创新杀手

我在 Inventium 工作的时候面临的最大问题就是“蓝天思维”(Blue-Sky Thinking)。当你读到这，你可能会想，我觉得“蓝天思维”是好事，而且我上个月刚参加了一个“蓝天思维”活动。我经常听到人们这样讲，每次听到的时候都觉得我要跪了，“蓝天思维”活动是一个没有目的或者挑战的事情，那只是一群人坐在那里，并且回答他们行业当中即将发生的大事件，这是彻头彻尾地浪费时间。让很多人通过“蓝天思维”活动来培养创新，就像让一个人玩飞镖，但是不给他镖盘一样，你都不知道你是为了什么才这样做。当你在创意社度过了一段美好的时光并觉得非常开心的时候，你最终得到的却只是收集了一桌子别人桌面上的灰尘，并且永远见不到天光。

另一种“蓝天思维”活动常常发生在企业要推行创意管理软件（一种

比较漂亮的网络建议箱）并且开放给全公司员工的时候。我已经见过这样的事情很多次了，而且每次都不可避免地发生如下的情况，在没有清晰目标就做的情况下，创新团队也会收到成百上千的创意。创意团队坐在一起，经常抓破脑袋也想不出来到底应该怎么给这些创意反馈，或者，怎么决定哪个能做哪个不能做。事实上，这两个问题都很难回答，当你不知道他们想要解决的问题时，给他们反馈是一件非常有挑战的事。同样，在没有限定挑战或者机遇的时候，贸然给出决策也是不可能的。

所有像样的创新都需要从一个清晰的目标开始。在 Inventium 我们把它叫作“创新任务”，“创新任务”为一个组织追求解决方案提供了广泛但有针对性的机会。其中一些任务集中在提高核心业务上（渐进式创新），另一些创新任务则更具颠覆性。

所有像样的创新都需要从一个清晰的目标开始。

即便是对一家有着全球网络的大型机构而言，确保他们的团队和个人理解目标并且能够为之奋斗，是营造创新环境的关键。研究目标制定与生产力的关系有长远价值，但仍有一少部分研究者把研究重点放在了目标制定对创新项目的影响上。第一眼看上去，你可能认为目标制定与创新是不可能共生的，这是因为创新生来就具有一种模糊性与不确定性，博科尼大学的马丁霍格尔深入研究了这一课题。

霍格尔从 145 家不同的德国软件公司招募了 575 位员工，研究者会问参与者一些问题，这些问题是关于他们为目前正在进行的创新项目所制定的目标类型。问题比较多，比如，目标是否清晰易懂，客户需求是否清晰，经理在表达自己的目标时是否准确，在项目进行过程中目标是否稳定不变。

参与者还会被问到，他们的团队是如何高效地合作的，人们会根据软件的技术含量和项目效率，同时考虑完成项目的时间和预算，来给创新项目的结果以评估。

霍格尔发现如果目标设定正确，对项目的执行质量和效率都有显著影响。他还发现，如果团队工作起来非常高效，那么目标制定和项目结果的关系也会更显著。经理需要关注的一点是，当做创新项目的时候，虽然目标制定对促进项目成果有着更为重要的作用，但如果再加上团队合作高效并且沟通顺畅的话，效果会更明显。

★★★

一旦你有了组织范围的目标，并且确保整个团队都知道这个目标的时候，那么就应该为目标而努力了。但是，员工在前进路上缺乏动力也是很常见的事情，尤其是面对宏伟的目标，常常需要经年累月地努力才能实现。传统的“激励大师”经常滔滔不绝地谈到，清晰的目标能帮助激励的重要性——但只靠清晰的目标激励人们并不能长久。为保持动力还要有一味关键的“佐料”。

这味关键的“佐料”就是特蕾莎·阿玛贝尔和史蒂文·克雷默提出的进步原则（The Progress Principle）。研究过程当中的一个重要挑战就是，怎样在实验室里模拟出与真实生活一样的条件，特蕾莎·阿玛贝尔和克雷默创造性地想出了一个方法，那就是让员工们写工作日志。他招募了在 7 家公司 26 个项目组工作的 238 名员工，他们所从事的工作种类各种各样，从做厨房用品到为酒店解决 IT 问题，工种可谓是包罗万象。他们工作的共同点是，为做好自己的工作，他们都需要创新。在 4 个月的时间里，这 238

名员工每天都要写一份调查问卷，在调查问卷中，他们需要回答关于他们工作环境，心情，脑海中突然出现的想法和工作动力水平的问题。在实验期结束时，他们一共提交了12 000多份问卷。

通过分析这些问卷，特蕾莎·阿玛贝尔和克雷默想要了解的是人们眼中最好的一天和最坏的一天有什么样的区别（基于感觉和创新力判断的好坏），结果十分的引人注目。

最好的一天与最坏的一天之间最大的区别就是，他们到底是在项目上有所前进，还是在原地踏步或是倒退。换句话说，觉得进步是最能鼓励人的因素。在最好的一天时，有 76%的人都说他们在进步。反之，在最差的一天时，约有67%的人说他们在退步。

在进步原则作用下，研究结果可能更明显，特蕾莎·阿玛贝尔和克雷默采访了世界范围内的 669 位经理，询问他们什么是影响员工积极性的最主要因素。经理需要将以下5个选项由高到低排序：取得进展，得到认可，得到激励，有清晰的目标，人际支持。绝大多数的经理都把得到认可作为最大的驱动因素，只有5%的人认为进步是能鼓励人的。

另一个令人震惊的结果是，人们口中的进步往往是非常小的进步。举个例子，有一位叫汤姆的参与者对在一个特别复杂的投标项目中取得的进步是这样描述的：

> “我花了一周时间才终于弄清楚那个困扰我的bug，这或许对你来说不是一件大事。但因为我一直都生活得很单调，所以我对这件事感到异常欣喜。没有人知道这件事，我们小组中的3个人今天都外出了，所以我就在孤独的气氛中肆意狂欢。”

值得特别说明的是，员工取得的进步都是在做有意义的工作中取得的。举个例子，如果你一直都在做对你来说没有任何挑战或者意义的工作，即便是你一直都在进步，你也不觉得会被鼓舞。

在采用进步原则的时候，有几点需要考虑：

- 与其给团队和个人设立过大的目标和里程碑式的任务，不如设立一些更小的目标。只有设立一些小的目标，才能让人们对他们的进展有更清晰的认识。
- 设立进度板来帮助人们形象地了解他们的进展，这个进度板可以是立在中央的一块白板。在 Inventium，我们把所有项目的进展都视觉化，例如，我们为团队的一个保密项目设立了 200 个小节点（我们称呼这些节点为樱桃）。因此我们在白板上画了一张有200个点的网格图，每当有人完成了一个节点上的项目，我们都会在这个节点上贴一个樱桃贴纸。当我们完成一些里程碑式的节点时，比如 50 个樱桃或 100 个樱桃的时候，我们会办一次主题庆祝活动，比如一个有樱桃派或者巧克力樱桃冰激凌的下午茶。
- 我们太习惯庆祝大“胜仗”了。相反，我们应该花点时间庆祝那些小胜利，即那些能标志进展的胜利（防止人们忘记了这些他们已经达成的胜利）。就像我们为庆祝胜利而提供樱桃派一样，想想看你和你的团队应该怎样庆祝那些在日复一日的工作中取得的胜利。

★★★

到目前为止，本章一直都在关注组织层面和团队成员的目标，但我们也应该想想怎么在个人层面上制定目标。来自巴斯克大学的西尔维娅·达斯科塔和她的同事回顾了一些多元分析，他们研究了那些对组织目标和个人目标都非常清晰的人与不甚清晰的人在创新表现上的差异。他们发现，在那些对组织目标和个人目标都非常清晰的人群当中，约有 54%的人创新表现优于常人。与之相反，那些对组织和个人目标都不大清晰的人群当中只有 46%的人创新表现优于常人。

地产公司米瓦克（Mirvac）的创新总经理克里斯汀·吉尔罗伊关注于围绕创新制定清晰的个人目标和考核标准，他谈道："如果你回过头去看 5~10 年，米瓦克公司的创新就是那些要么发生了却被遗忘的创新，要么是特别被动的创新。我们总是擅长被动式创新，也就是说当我们有问题的时候，我们才会想出解决方案，但我们却没有一个驱动创新的战略。我们从来不回头，看看那些过去的机会或者挑战，再决定怎么走下一步。"

米瓦克的全公司范围的创新孵化项目始于 2014 年。创新孵化项目中的一个组成部分就是管理层都有关于创新的 KPI 考核指标，这为创新提供了一个更主动和更战略化的途径。除此之外，这个项目的创新冠军都有一个创新 KPI，他们的经理自然也有一个。"当组织已经趋于成熟的时候，组织中的每个人都需要有创新指标。"他这样解释道。

这项创新项目的员工表现是通过回答一些问题来量化的。这些问题是，"举个你如何运用创新方法对你的任务和业务带来价值的例子（这个创新任务是项目指定给每个人去解决的）"。管理层的创新 KPI 是为了考核他们的团队对创新做出的贡献，这个指标是通过管理层对团队创新提供怎样的帮助来衡量的，中层管理者的指标则通过他们怎样支持和鼓励创新来量化评估。

如果对全部高层管理者设立正式的创新指标，员工和经理就会感受到质的飞跃。你可以参考我们客户的经验来设计初步的创新指标，这位客户是一家食品加工企业，每 6 个月其研发团队的每个人都需要回答下面两个问题：

1．你提出的哪条意见让企业发生了改变?

2．你怎么与其他人一起开拓思维产生创意?

关注创新意味着创新行为就会越来越频繁地发生在员工中间，创新意识也会在员工脑海中一直萦绕，这仅仅通过问两个简单的问题就能实现！

关键点

- 和仰望创新的星空相比，领导者需要设立清晰的、组织层面的目标，来保证人们的努力专注且高效。
- 和设立大目标或者里程碑式的目标相比，设立小的目标更能让人觉得进步。可以考虑通过设立白板的方式让人们看到自己的工作进展，并且花点时间为他们的工作进展而庆祝，不管他们的进展是大是小。
- 有研究表明，设立组织目标能够在效果和效率两个层面上提高创新表现，所以花点时间让组织内的所有人都清楚目标吧。
- 可以通过设立创新指标的方式，让组织中的每个人都清楚，他们怎样做，或者做了什么，能为组织创新做出贡献。

第 4 部分

组织层面的因素

本书的第 4 部分关注于跨越整个组织的因素。这意味着，这些因素不是在个人、团队或领导层层面，而是需要整合进组织的方方面面中。考虑到这些因素需要在整个公司层面执行，这些因素自然是最难弄清楚的。然而，它们也可能是创新驱动最有力的推手。

在组织当中营造具有冒险精神和变通精神的文化无疑是最重要的部分，但是在一个大型组织当中，这也是人们最头疼的部分。一般而言，组织越大，承担风险的能力就越小。这是有原因的，大组织设立权责，就不可避免地产生繁文缛节和官僚主义。第 11 章探讨了组织如何在不影响自身安全的情况下鼓励冒险。

组织中员工的集体荣誉感对营造创新文化也十分重要。塞缪尔·亨特和他的同事卡特里娜·比德尔、 迈克尔·芒福德在他们的研究《创新氛围：定量分析》中指出这一影响创新文化的因素。第 12 章解释了有凝聚力的文化到底是什么，以及怎样才能在组织中建立这一文化。

第 13 章把关注重点放在了“人们需要让他们自己觉得对组织创新有影响”这一因素上。这一章描述了创新的概念，以及驱动创新的有效因素。

最后，第 14 章探索了物理环境对创造创新文化的影响。本章包含了一些最新的研究结果，表明物理环境如何促进而不是扼杀创新和生产力。

第11章

承担风险

失败乃成功之母

在1995年公映的描述登月计划的电影《阿波罗13号》(*Apollo 13*)中，由艾德·哈里斯扮演的美国国家航空和宇航局局长基恩·克朗茨对团队成员强调储能的重要性，小组成员却对他说，储能设备最多只能储存16个小时的电量。克朗茨是这样回复他们的，从来都没有一个美国人死在太空，尤其是在他手下，更不会，“在我的人生词典里，没有失败这个选项”，哈里斯明确地指出这一点。事实上，克朗茨从来没有说过这句话，但这句话却和克朗茨再也无法分割，5年后，它成为克朗茨自传的书名。

“只许成功，不许失败”这是一条在许多组织中都有的信条。失败一直被认为是个难听的字眼，就像地毯下的什么脏东西，只要影响了地毯，就一定会被扫地出门。但是能够认知失败并从中学有所获是建立冒险文化的一个重要部分，这也是无国界工程师组织(Engineers Without Borders，EWB)推崇的文化。

EWB是一个致力于通过社会创新来解决世界范围内贫穷和不平等的非营利性组织。他们的活动包含“跑步奔小康”活动，旨在为不同项目募集资金；以租代买，是一项为赞比亚农村创业者提供设备，创业者通过付租金的方式来获取设备使用权的活动；空中决议，这是一个政论平台，为加纳人民能够在政策制定和社会变革等方面发声而设立。

通过内部讨论EWB得出组织内部最基本的诉求，不能让组织一直以谦逊之名示人，但组织内部却从来不思考失败。正是因为考虑到这种矛盾，EWB在2008年推出了第一篇《失败报告》(*Failure Report*)。现在《失败报告》就像EWB的年报一样，每年发布，并对所有公众开放，任何人都可以通过EWB的网站www.ewb.ca下载查看。《失败报告》详尽细致描述了该年度的所有失败。在这份报告中，每个失败都被记录下来，读者可以通过这份报告了解到，失败项目的目的、起因、经过和结果，最重要的，当然是他们从这次失败中学到的东西。

EWB 的这本《失败报告》，就像研发领域的开山之作，让长期隐藏在地毯下面的脏东西，彻底露出来。几年过去了，EWB开创了一个新的网站www.admittingfailure.org，域名翻译过来叫承认失败，艾世丽·古德是承认失败网站的领导者也是《失败报告》的主要编辑之一，他这样解释道：“在研发领域很难直接讨论失败，因为研发领域都是强资本推动型的，一旦没有了资本的助力，项目很容易走向失败。” 成立这个网站的目的就是鼓励研发机构能够把自己的失败公之于众，防止其他的研究者步其后尘。

几年过去了，这个网站上面也有许多故事。玛丽莲·麦克海格，无国界医生组织的执行董事向我们描述了她和她的团队在准备不充分的情况下抵达伊拉克去救治伤员事。故事的结尾，玛丽莲向我们分享了一个故事。

一位名叫凯莉的志愿者，想要为海地的幼儿园提供净化水设备。这台净化水的设备价格高达 700 美元。孤儿院的员工害怕净化器被偷了，所以一直就没有用，结果某一天，它真的丢了。

★★★

当我告诉那些在营利机构工作的人们要分享失败的时候，他们的第一反应往往都是在这个行业里面不适用。但是我并不这样认为。当然，硅谷的人们认为失败就是一种仪式。FailCon 是一个在 2009 年起源于旧金山的会议，在此之后迅速席卷全球，数以万计的科技创新人员、创业者、投资人和开发者聚在一起分享他们的失败经历。很多在谷歌、Yammer、优步等公司工作的人们把这次会议当作一个讨论失败并从失败中学习的重要机会。

在知名广告公司 Wieden+Kennedy，失败被认为是工作中的必要组成部分。创始人丹・文登总说“失败更难”，并把这句话放到了位于波特兰的创始办公室一面巨大的墙上。

尼尔・克里斯，Wieden+Kennedy 公司英国办事处的负责人这样说道：“公司的文化要么是‘别搞砸’，要么是‘我们打算把你派去做一些你自己不知道，我们也不知道到底能不能做成的事情上，如果我们志存高远，我们得到的肯定比定一个普通目标并为之奋斗得到的多。’

“在更难的地方失败更像一种激励，鼓励人们去定更高的目标，并尽可能实现。如果我们把目标定得非常高，我们一定能比定个普通目标得到的更多。我想，我之所以会有这种观点，是来源于和耐克一起工作的经历。耐克是我们的第一位客户，运动员总是逼迫自己超越自己。他们的整个职业生涯，就是在做得更好，更好，更好，然后失败。创造性过程也和这大同小异，都没有终点。在这个领域并没有所谓的正确答案，都是反复尝试，然后失败，然后再试。”

失败并不仅是鼓励，也纳入了人们的绩效考核。Wieden+Kennedy 公司的人在业绩考核的时候都需要回答关于失败的问题。“我们问每个人，‘本年度你觉得你最勇敢和最棒的失败是什么’，”克里斯蒂这样说道，“我们认可失败，并鼓励人们在他们觉得不可能完成的时候去尝试。如果他们从不失败，那么证明他们没有用尽全力。”

★★★

在塔塔集团，管理层在另一种程度上鼓励失败，并给予正式奖励。塔塔集团已有 140 多年的历史，业务范围涵盖 100 多个国家和地区，全球有 50 万名雇员——听完公司描述，估计很多人会认为塔塔集团并不是那种会接受冒险和失败的公司。

创新是塔塔集团的核心，它每年都会颁发一个名为 InnoVista 的奖项给企业本年度的最佳创新。全世界每年会有约 2 000 个竞争者来角逐这个奖项。你现在可能觉得，不就是设个奖么，这有什么创新，有什么风险！但事实并非如此，此奖项最创新的地方就在于奖项类别。

InnoVista 像任何一个创新性奖项一样，颁给企业内部最杰出和最具潜力的创新。但塔塔集团还有一个奖项叫“勇于尝试奖”（Dare to Try），这个奖项于 2009 年首次颁发，据塔塔集团公司网站介绍，这个奖项颁给那些最富于尝试性，“但并未得到预期效果的创新”。

塔塔集团将“勇于尝试奖”的获奖信息公布出来，以便所有人都能读到它。有个关于 Sukk 的小故事。 这是一款在英国发售的果冻饮料，卖得不温不火，但集团公司认为，在其他的区域发售这款产品就能大卖特卖。还有一个故事是关于便携式的心脏监护仪的，管理层都认为它在印度能够卖得非常火，但事实上却并没有很多客户。

我在给我的客户分享塔塔集团的创新奖项的时候，他们都很受启发。他们当中的许多人都在自己的公司推行另一个版本的“勇于尝试奖”。无疑，这是一个非常棒的信号，他们告诉员工：“大胆去做吧，失败了没关系——事实上，我们还会奖励那些大的失败。”

★★★

辉瑞制药的创新项目也叫“勇于尝试”。这是一个鼓励冒险的名字，辉瑞的全球创新副总裁，温蒂·梅耶讲述了这个项目名称背后的故事。2013年，梅耶尚在专业护理部门工作，这个部门鼓励人们去做那些“合理的冒险”。“我们的工作催生了最初版本的‘勇于尝试’项目。”梅耶这样说。

“辉瑞在销售领域面临的挑战一直都是由其商业属性所导致的，这种属性使得公司有更多的指导员，而不是试验者，”梅耶解释道，“指导员是有问题的。他们花费大量的时间和精力去研发，但却并不会把创意分解，分解成可能导致或者阻碍成功的因素。通常来说，和指导员在一起，你得到的永远是二进制答案，‘好的，这可以’或者‘不，这不行’。所以我们决定采取‘试验—校准’模式——在辉瑞的研发领域用得比较多——找到成功的多个重要假设，快速验证，或者推翻这些假设。这使得我们可以以一种高效且低成本的方式，校验假设并及时转型，而不是推倒重来。”

在“勇于尝试”项目的执行过程当中，梅耶还说：“我们不只把重心放在那些有效的创意上，也关注那些并不那么奏效的创意。‘勇于尝试’并不是勇于尝试那么简单，尝试有时成功有时失败。‘勇于尝试’这个名字本身就已经成为这个项目成功的因素，因为这个名字本身就是我们一直试图告诉员工去做的事情。”

我们不只把重心放在那些有效的创意上，也关注那些并不那么奏效的创意。

辉瑞公司最为著名的实验例子莫过于万艾可了，这似乎已经成为一个众所周知的创新传奇。在最初的研发过程中，万艾可是用来治疗心绞痛的药物，用来舒张冠状动脉血管，使更多的血液流经心脏，以减少疼痛。遗憾的是，或者说幸运的是，药物并没有起到它应当起的作用，但是实验室的人员发现，它还有一个有趣的副作用——促进阴茎勃起。

梅耶说：“在我们的研发团队中有一种通往成功最好的路就是失败文化——这一点和科学研究是一样的。你必须做大量的实验学习，并且基于这些所学来达到最终的成功。万艾可最初应该是一个治疗心肺血管病变的药物，在你对失败的学习过程中，有一个部分是需要你理解现在发生了什么，并且对现状做出判断，只有这样，你才能运用所学。

“这样的文化使得新的方向得以确认。科学家们发现，万艾可并没有像他们预期的那样在心肺血管疾病治疗上起到作用，但通过承认研发失败并且分析一些实验志愿者的反馈意见后，这些副作用竟也能够带来商业机会。对我而言，这是一个接受失败的极好案例，当然更重要的是，要从失败当中获得价值。我们就试图把这种文化推行到我们的销售领域。”

★★★

人们不愿意冒险的一个原因是因为冒险充满了不确定性。沃顿商学院的教授，詹妮弗·穆勒和她的同事研究了不确定风险对人们追求创新的影响。穆勒把测试者分成两组。第一组被告知如果他们完成测试并测试合格的话，会得到奖励，但奖励是随机的——这产生了不确定性。作为控制组的第二组，则没有收到这条消息。

两组受试者都需要试穿一款新跑鞋。研究者发现，和控制组相比，感受到不确定性的人对跑鞋的评分更低，不确定性组更倾向更加实用的款式。

有趣的是，即便那些认为自己无偏见的人仍然不能对这个不确定性免疫。当我们面对不确定性时，我们总会不由自主地选择减少不确定性，所以人们会选择那些更实际的，他们能看得见的结果或者更熟悉的观点，或者那些已经存在的观点，而这却对创新有负面影响。

调节定向理论（Regulatory Focus Theory）就是一种增加人们对风险和不确定性偏好的理论。调节定向理论把人分为促进定向和预防定向（Promotion-Focused or Prevention-Focused）。

- 促进定向型的人更关注于志向和长期目标（尽管可能会被认为是追求晋升，而实际上与此无关），会探索更多可能性并最大限度地提高收益。
- 预防定向型的人更关注于减少损失，他们会更关注于短期目标，完成他们的直接任务。

促进定向型人格的思维特点更多是“热切行为”（如冒险活动），而预防定向型人格更多的是警惕性行为，凡事谨慎。

研究结果表明，人们如果普遍愿意承担风险，这会使得工作氛围更有创造性，因而有用的和有创意的建议也就会应运而生。根据调节定向理论，拥有促进定向型人格的雇员会更多地表现出创造或冒险行为。促进定向型人格也和创新行为有高相关性，这些创新行为包括：更愿意合作，目的性更加明确，乐于提出反馈，并且积极发现新的机会。

为培养自己的促进定向型人格，你可以尝试以下方法：

- 更关注于自己的长期目标，而不是关注于眼前的责任。
- 在失败的时候，更多地想一想，从失败当中学到什么，而不是一味地责怪自己。当人们开始责备自己的时候，就更容易促使人产生预防定向型人格，而且会使得人们越来越关注于怎样避免失败和犯错误。
- 面对需要创造型思维解决的挑战时，尝试用促进定向型的思维方式解决问题。比如，更多地使用积极性的说法，“我怎样才能保证顾客来我们这儿的时候都非常开心？”而不是“我怎样减少不满客户的人数？”

★★★

随着组织不停地壮大，内部流程的流转次数和复杂性也不断地增长。原因很简单，增长会带来混乱，流程可以帮助减少混乱，所以事情会平稳运行。但是流程和官僚体系却减少了创新。人们和组织更不愿意去承担风险，这是因为，流程设计本身就是为了降低风险，减少错误发生概率，更注重效率而不是灵活性。并且流程效应（Flow-On Effect）正日益成为一种预防定向型思维。

对于这种问题的一个解决方法就是，让所有人看到流程的每个部分都是有改进空间的。在实际应用过程当中，让人们认为每个步骤都是创新的机会，而不是每个步骤都对创新环境不利。

在 Inventium，我们有一句名言是“每件事都在测试中”。没有什么事情，是板上钉钉的，并且所有事情都可以改变。在每个新员工入职之后的 6 周时间里，我每两周都会跟他谈话。这些会议对我来说至关重要，因为只有在员工尚未熟悉公司内外及日常运行时才会有很多想法，而这些会议能让我了解员工的想法。所以我常常会问他们下面的问题：

> 没有什么事情，是板上钉钉的，并且所有事情都可以改变。

- 你觉得最沮丧的事情是什么？
- 你觉得特别愚蠢的事情是什么？
- 你觉得特别让你惊讶的事情是什么？

员工们的答案总是特别启发我。很多年过去了，我仍然记得我和一位刚入职的高级咨询顾问的谈话。他发现，尽管组织内部看起来非常亲密，但事实上每位咨询顾问都在做自己的事情。没有人会在项目上合作，除了每周一次的工作例会之外，他们不会在项目上互相交流。在此之前，我从未注意到这一点。和他谈话后，我改变了公司的结构，确保交流和合作会经常发生。现在，你很难在公司找到一个项目，是咨询顾问之间没有相互合作的。

> “每件事都在测试中”，这句话带给我们最好的事情就是，它总是让我们关注于如何改进工作。在 2015 年上半年，我们在墨尔本开始了“格格不入”（Odd One Out）项目，这是墨尔本第一家能用科学方法证明提高创新思维的工作坊。市面上有很多这样的机构，

但结果却并不尽如人意，我们看到了这个市场空白，所以决定自己建一个。

最初我们建这个创意工作坊的时候，每个想要参加的人都需要通过邮件填一个问卷，然后我们的人员会回复邮件，确定我们的时间，经过和客户几轮的沟通才会敲定最终的会面时间。这样的流程走了几遍以后，我们的工作坊经理决定要改进这个流程。

几个小时之后，我们的网站上出现了一个预定功能。潜在客户会查看我们网站上公布的时间，确定有无空闲时间，然后通过填写一些必要的问卷，来预约时间。这样，客户甚至不需要和我们的工作人员交流，就确定好了参与工作坊的时间。

★★★

我们为 **Inventium** 招聘新员工的时候，总会倾向于招聘那些学习型员工，不一定要招那些做得多么出色的，但是一定要招那些善于学习的。这听起来或许有些奇怪——我们当然能招到那些有优秀产出的人。但从一项研究中，我们发现学习型员工：

- 更容易有建设性和积极性的意见。
- 持续不断地寻求发展和提高（也就会更容易变成组织和创新的贡献者）。
- 面对失败也更自然。
- 常常在工作中更具创造性。

学习型员工更容易从获取或掌握新技能当中得到激励和满足。在工作中，他们更主动，更愿意去处理需要持续工作的复杂问题；他们也愿意为处理这些问题学习新的技能。这种倾向也使他们更富于创造力，原因很简单，自我激励和知识是创新潜力的两大重要因素。

在财务软件公司 Intuit，试验和学习是公司文化当中的两个重要部分——不好的试验就是那些你没有从中学到东西的试验。Intuit 的试验孵化副总裁休·莫罗茨说："试验就是学习的最好方法。我们一遍一遍地尝试，直到找到解决问题的最终方法。试验则给了我们找到最终解决方法的一双慧眼。"

除了试验本身，试验的节奏也十分重要。"你可以花 3 天的时间去做一个东西，并且做试验，然后学到东西，"莫罗茨说，"但如果你花 3 个月的时间做一个东西再试验，结果客户还不买账，这就是一个失败了。这 3 个月就是你浪费的机会成本，你完全可以用这 3 个月做别的事情。这就是创新的节奏——怎样快速地做好最可行的产品，然后测试，得到启发，学到东西。"

每个月，位于加州山景城的 Intuit 都会举办一个创新孵化周（Incubation Week）的活动。公司的全体员工都可参与，参加队伍一般由 2~7 名员工组成，一般会有 5~10 支队伍参加。在这周开始之前，队伍一般会拿到一些信息，来保证他们开始工作的时候，就已经有了一些可以给客户带来价值的创意。这样他们就能在一周之内发布新产品。

"队伍在周一开始工作的时候就会有他们的创意，"莫罗茨说，"到周五，他们会有一个准备好的可测试的最小可行产品 MVP（Minimum Viable Product），这实际上是一个历时一周的锦标赛。公司领导层认为，就获得 MVP 而言，这是一个有效利用员工时间的恰当投资。当你能迅速扭转局面时，压力真的会减轻。"

★★★

扼杀创意和冒险的最大杀手就是责备的环境。责备的环境有一个明显的特征就是，当事情变坏的时候，当事人就会受到指责。如果员工终日因担心责备而人心惶惶，人们就会停止冒险，并且以一种安全的方式行事——因为这样永远不会出错。至少理论上是这样子的。

扼杀创意和冒险的最大杀手就是责备的环境。责备的环境有一个明显的特征就是，当事情变坏的时候，当事人就会受到指责。

几年前，Etsy 引入了一种叫“无罪事后剖析”的方法来避免人们走上指责的道路。“如果事情做错了，”CEO 柴德·迪克森说，“当（做错事情引发的）问题发生的时候，我们会让所有人都进一个房间。我们会做一个时间表，并列一个补救措施清单，清单上的东西就是我们在下一次做的时候需要做好的事情。我们迫使我们自己关注于怎样解决和预防问题。”

反之，想象一下一个责备的环境会发生什么。Etsy 的 CTO 约翰·阿尔斯巴在博客上的一篇文章《像做手工一样写代码》（*Code as Craft*）就描述了一个责备的循环圈。阿尔斯巴这样写道：

1. 工程师做错了事情。
2. 工程师被惩罚、羞辱和责备，或者被重新训练。
3. 一线工程师（前端）与开始寻找替罪羊的管理者（后端）之间的信任度越来越少。
4. 工程师开始对行动、现状和观察保持沉默，导致了各扫门前雪的状况（防止被惩罚）。
5. 管理层也就越来越不了解日常的工作状况，工程师则因为第 4 条当中的沉默而隐瞒情况。

6. 因为第 5 条的情况，错误发生的可能性就越来越多。
7. 回到第 1 步。

> 我们需要避免这样的循环。我们需要犯错的工程师告诉我们更多细节，那些细节可能是他们为什么做了这些事情，为什么犯错误时候的行为（他们认为）是合理的。这是了解错误病理因素的重要步骤。只有分析那时的（犯错误时）行为对那时的他而言才是有意义的，因为如果他们觉得那时候他们的行为不合理，那么他们就不会做了。

“我们严肃对待问题，”迪克森说，“但只有当你觉得做错事情不会挨骂的时候，你才会真正地减少犯错。因为你会觉得即便犯错了也没什么大不了，这样你才会更愿意去冒险。”

在 Etsy 发生的很多事情都验证了“无罪事后剖析”的意义。比如，开发者想要打乱让用户标记出所喜欢的条目的功能，或者在新开办公室安排座次的功能。

在执行“无罪事后剖析”的时候，有 3 条基本原则：

1. **对所有的人都要假定他们的工作出于善意。**没有人来工作是为了把工作做坏的。当事故发生的时候，几乎没有人是故意让这个事故发生的。在复杂的系统当中工作，错误的发生是件自然而然的事。并不是所有的错误，都会有灾难性的后果，最起码大部分不会，成功是依赖于这些错误的。最重要的事情就是了解人们在工作的时候，他们到底是怎样看待他们的工作的。管理层需要了解并支持那些犯错误的人，并且鼓励他们将错误愿意“教给”其他人。
2. **识别环境，而不是寻找替罪羊。**“我们有一条最基本的法则就是，事后剖析是为了找到错误发生的原因，并且知道怎样才能让这些事情变得更好，而不是找一个人去责备，”迪克森说，“在贯彻这条原则之后，我们发现我们的公司是一家善于学习并快速成长的公司。”因此，最重要的事情就是要知道，错误是怎样发生的，并且知道下次在相似的事情发生时应该怎样避免错误。

3．**不要太过匆忙。**“无罪事后剖析”通常会在错误发生 24 小时之后才举行。这给了当事人情绪平息的时间（在错误发生的时候，情绪往往会比较激动）。此外，人们需要时间去承认错误。

★★★

Buzz Products 是另一家能够把促进冒险和承认失败当做日常工作的一家公司。如果你最近乘坐了国际航班，飞机上的设备箱很有可能就是这家公司生产的。Buzz 是一家专注于旅游行业的国际设计机构。几年前，他们抓住了澳洲航空想要重新设计整套登机系统的机会。他们没有坐以待毙，等待澳洲航空邀请竞标，而是主动出击，邀请了各条业务线的高管，坐在一起去设计一套能够让乘客更加无缝登机的解决方案。

巴里·古德，Buzz Products 的董事总经理回忆起召集这群顶尖人员的情形：“参会的有设计总监，供应链主管，我们的创意总监和其他的高管。那个时候并没有任何清楚的招标文件，因为有太多的部分和太多的公司参与。有在航站楼工作的人，有在航站楼的基础设施工作的人，甚至还有在软件平台以及其他地方工作的人。这是一件特别冒险的事情，因为我们并不能够保证中标。但我们特别厚脸皮地和其他一些已经指定的分包商一起工作，从他们那里，我们真正了解到了我们要做的事情。

“在 Buzz 我们有一句经常说的话，‘做吧，就像你已经中标了一样’，实际上这也是我们在澳洲航空这个项目上做的事情。我想很多公司可能会比我们更小心和更专业，但是这句话让我们赢了。我们做了一个 Q-Bag 标签。这是世界上第一个将射频识别技术整合进行李标签的一项产品，它使得旅客的旅行信息和行李实现同步。”

在回顾整个过程的时候，项目看起来进行得异常顺利，但当然不可能总是这个样子的。项目最大的转折点就是，在整个项目快结束的时候，澳洲航空想通过外部采购的方式降低成本。古德谈道：“澳洲航空的工作人员找到我们，并对我们说，他们希望我们将产品价格打个对折。这基本就是整个对话内容了。得到这样的反馈，我们异常沮丧。但我们说不行。事实是，正因为我们的冒险，和我们已经做了的工作，澳洲航空没有任何选择，只能选择我们。不选我们的产品，澳洲航空就没有办法在截止日期之前完成整个项目。最终，Buzz 在极短的时间内交付了一项世界级的产品，澳洲航空非常满意。”

“在公司的发展历程当中，经历了许多这样的危机，”古德这样回忆道，“每个项目，或者说每个有趣的项目都是这样。但最重要的事情是团队如何应对这样的危机。原因，最终归结于我们的幽默和开放，以及不怕失败。”

关键点

- 在营造创新文化的过程当中，创造一个能容忍冒险并且鼓励冒险的环境至关重要。
- 仔细思考能够促进人们冒险氛围的举措或行动，而不是嘴上说说。
- 考虑在公司设立一个奖项，这个奖项并不表彰商业意义上的成功创新，最好是表彰失败的、但是能从中学到很多东西的创新。
- 用积极方式重新定义冒险，比如，告诉员工风险能给他们很多宝贵的学习机会。
- 为证明你真正地希望员工为追求创新而冒险，考虑设立一个冒险绩效。
- “无罪事后剖析”是一个避免责备的文化，并且让员工关注于“环境，而非寻找替罪羊”的好活动。
- 通过“一切都在测试中”可以让员工持续不断地思考改进方法。

第 12 章

凝聚力

我们在一起

在塞缪尔·亨特和他的同事做的多元分析变量中，创新文化最重要的驱动因素是学者命名的“积极的人际交流”这一因素。翻译一下就是，组织当中所有的员工都觉得有一种凝聚力——他们都在一个团队中，并为一个目标而奋斗。这时团队内的矛盾（除了我们在第 4 章中讨论的那种健康辩论之外）很少且人们都和谐地工作。这一点也是最难实现的。这不像本书当中提到的其他因素，仅靠一人之力就能改变的。这是一个需要从顶层引导，但是又从底层驱动的因素。

在巴斯克大学工作的西尔维娅·达斯科塔和她的同事做了一些关于组织凝聚力的多元分析。研究者发现，当组织凝聚力处于高涨状态时，约有 65%的员工表现出超乎平均值的创造力。反之，在组织凝聚力处于低落状态时，只有 32%的员工表现出超平均值的创造力。

当创新项目执行得比较好的时候，是凝聚力的一个重要推手，它使得人们愿意发声，并且积极参与到组织内部大大小小的挑战当中。当可口可乐的 Innov8 在全辖区推广时，一个最意想不到的好处就是，员工的参与度明显提升。

戴瑞克·奥冬奈尔，Innov8 的创造者回忆起项目时说道："当时，有间办公室的平均参与度只有 30 分左右。但推行了这个项目 3 年之后，员工的平均参与度得分达到了 70 分。更重要的是，这间办公室的评分一直保持在了这个水平。自从推行了 Innov8 之后，这间办公室有了非常棒领导力氛围。他们都认为，'我们要为人们庆祝。不管他职位高低，不管他级别如何，我们都要尊重他们，我们希望他们的声音能被公司听到'。这项活动产生的积极影响是显著的。"

戴瑞克·奥冬奈尔有一套独特的评价创新举措能否推行或者摒弃的方法，他告诉领导者要关注的最重要的一点就是，提出这个创意的人是否有激情实践。奥冬奈尔谈道："我们拒绝做那些创意者都不愿意自己实践的创意。我们有很多非常吸引人的创意，但我们却并没有执行。我们之所以不执行它，就是因为提出创意的这个人对执行它并没有表现出足够的激情。

"我不会接受那些看起来很激动人心，能够给商业带来价值，但提出创意的人却并不想执行的创意。他们想让其他人执行，我说：'如果你自己都没有表现出执行的激情，那么其他人也不会有。'很多人一直反对我的观点，但我觉得长期来看我的观点一定是对的，它会帮助那些真正愿意推行自己创意的人得到帮助、反馈和指导。"

★★★

在科技圈里，人们常说"默认开放"（Setting the Default to Open）。这

指的是开源技术（开放软件源代码以供开发者使用和更改）。通过开源技术，公司可以使用客户的数据为客户带来价值，同时也可以让客户控制数据。开放本身，就是一个创造凝聚力环境让创新蓬勃发展的重要因素。

在我和高创新企业的领导者谈话的时候，一个最重要的观点就是他们都非常乐于分享，真诚开放。考虑到高层领导者的支持对创新表现十分重要，那么领导层表现出来的开放和透明，自然也能够促进创新行为。有许多事情都在多方面佐证了这一点。

当我访问 Etsy 的 CEO 柴德·迪克森，我问了他什么是他最喜欢的创新，他脑海里第一个闪现的就是 Etsy API（Application Program Interface，是一些预先定义的函数协议，目的是为程序员提供构建模块，使其能够嵌入至现有的程序或网站中）应用程序接口。迪克森说："我们做了一个 API，基本上你在 Etsy 做的所有事情都能通过你自己做的 API 实现。API 可以让任何人做任何事情——内部或者外部。由 API 产生的最重要的事情就是一款适用于苹果手机的 App。直到 2011 年底，Etsy 都没有自己的苹果手机 App，这也成了我们最要紧的事情。一位外部开发者基于我们的 API 做了一款 Etsy 的 App，我们给他打电话，问他'要不要来 Etsy 工作'，我们买了他的 App，他成了 Etsy 的员工，这一切只用了 6 周。

"从我们给他打电话到我们在 App Store 有了自己的第一款 App 只用了 6~8 周。我们不仅得到了 iPhone App 的核心代码，而且我们还得到了一位开发者，在从未为 Etsy 工作的时候，他就主动为 Etsy 做事，我们最终雇了他。现在，似乎并不令人惊讶，他基本上成了我们最优秀的员工之一。"

迪克森提到，"API 或许是我最喜欢的创意，这是因为整个世界都可以是你的研发团队"。当然，如果迪克森没有以这样一种开放的态度运营 API

的话，这一些都不会发生。

在 Inventium，我们的一个核心价值观就是：慷慨分享。这个口号是在我创立 Inventium 第一年和另一位创新顾问肯·威尔在聊天中产生的。

就咨询业而言，知识产权是我们最大的财产。我刚刚结束了和负责我们商标和版权的律师的会议。我告诉了肯这次会议的主要内容，肯打断了我，说："阿曼莎，你需要做一个基本的决定。你可以以一种稀缺的思维方式来考虑你即将做的事情，并且表现得好像没有那么多的工作机会那样。如果你做了这个决定，那么你就需要把你的王牌紧紧放在胸前，谨慎地保护你的知识产权，不向任何人分享，除非他为你付费。

"你也可以一种富足的心态来思考你即将做的事情。你可以想象每个人都有足够多的工作，大海里面也有非常多的鱼。如果你做了这个决定，那么你就不会担心，你到底应该怎样保护你的知识产权，相反的，你会愿意让它传播得越广越好。"

这段谈话紧紧地扎根在我的心里，即便现在，8 年过去了，它仍然历历在目。这塑造了我运营 Inventium 的信仰，因此，我们最重要的价值观就是慷慨分享。有了这样清晰的价值观，就能够让我们更容易做决定，当团队成员面临是否要分享的选择时，他们会自动选择分享。比如有些人看到我们做了一次主题演讲跟我们要 PPT 的时候（我们当然会说好的）；客户跟我们要更多更详细的培训资料的时候（我们当然会说好的）；在电子周报上分享我们 IP 的时候（我们会分享很多）。

另一件我们在很多年前就针对非营利组织做的事叫“随你付”（Pay What You Want），我们的大部分客户都是大型企业，但是我们对和非营利性组织工作也十分热情。我们从墨尔本的小扁豆餐厅借鉴了这一理念，在这家餐厅吃饭，你愿意付多少就付多少钱。我们对参与者说，付任何你想付的，于是我们收到了许多诗歌，不寻常的雕塑和食物。（这是我们最喜欢的付款方式！）

★★★

研究表明，当人们团结在一个共同的愿景或者目标的时候——组织范围内全部认可的愿景——组织范围的凝聚力会非常高。在文登·肯尼迪公司，人们被一个清晰的目标凝聚起来。“当有人加入我们的团队时，”文登·肯尼迪公司伦敦办公室的负责人，尼尔·克里斯蒂说，“有一句话我们一直都会说，公司设立的原则就是，让人们做他们此生最棒的工作。每个人都知道，我们这儿到底是干什么的。如果你没有按照这样的原则工作，其他人也会提醒你。”

尽管克里斯蒂也承认，对每一项工作和每位客户都秉持这样的原则并非易事，但这个却是指导他做所有事情的原则。克里斯蒂说：“我们一直试图营造一个环境，就是让这个原则真正被践行的环境。实际上刚刚结束的会议就是在讨论这件事，会上的主要议题就是‘这份工作是不是我们生命当中最棒的工作？如果不是，那么我们就不应该做’。”

CEO 布拉德·史密斯把 Intuit 的使命描述为“持续不断地提高客户的经济生活质量，让他们无法想象过去是怎么做事的”。休·莫罗茨解释到，Intuit 为客户提供的解决方案在真正意义上使他们生活得更好，他说：“我们的目标就是，你正在做一件很大的事情，它比你自己的利益或公司的利益都更重要。你正在为整个世界带来积极影响。”

全球药品巨头艾伯维（AbbVie）的澳大利亚分公司董事总经理，克里斯顿·欧多赫提曾说过，他们因为延长病人的寿命这一愿景而凝聚在一起，他说：“我们的目标是，通过创新合作为病人带来巨大影响。这并不仅仅是一句口号。最近有几位新同事加入，他们都发现，我们的口号是真实的，并不是说说而已。我们真正在为病患带来改变，每个人都在为这一愿景贡献他们自己的力量”。

公司当中日常谈论的话题，和他们对销售和增长的看法，也印证了这一观点。“我们刚刚开完全国会议，”欧多赫提说，“我们并没有讨论去年的销售额是多少，增长多少。而是在讨论有多少病人被治愈，有多少病人即将被治愈，明年会有多少病人。这些指标对我们而言才是真正重要的指标。”

对销售团队来说，如果有人是从传统的销售导向型文化的公司来的，我们会鼓励他们关注影响力因素。欧多赫提说：“因为很多人是从其他公司来的，我多次并明确地对销售团队说：‘在艾伯维，真正销售多少并不是那么重要，对你们的考核指标，是根据多少病人被治愈来决定。’”

艾伯维公司不仅把病人放在公司愿景和目标的核心位置，他们还经常邀请病人到位于悉尼的澳大利亚总部，来分享他们的故事。欧多赫提谈道：“我们最近接待了一位病人，她是参加我们慢性淋巴细胞白血病测试实验的一位病人。她和她的女儿一起来到我们总部，她将自己是怎样被诊断出慢性白血病，她接受的其他治疗，她是怎样参加这个测试实验，以及她现在的治疗情况，向我们娓娓道来。故事讲完，在场的每个人都眼含泪水。这些故事对我们而言，不只是一个感动人心的故事，更像是一种鞭策力。”

★★★

公司的目标和愿景就像隐藏在公司深处的价值观一样。在很多公司，价值观被认为是可笑的，被忽略的，甚至是不相关的。但如果你在公司树立了良好的、向上的价值观，那就会变成一股极其有力的力量，真能让公司里面的每个人都觉得，他们在为同一个团队而奋斗。国际产品设计公司 Buzz Product，就是一家把自己的 3 条核心价值观，贯彻执行到每一位员工上的典型代表。

第一条是，“沿着黄砖路走”。“我们都知道绿野仙踪的故事，” 董事总经理巴里 · 古德说，“故事里面的 4 个人性格迥异，但是他们能为共同的目标而通力合作。”

第二条是，“去野兽在的地方”。《野兽家园》(*Where the Wild Things Are*) 是莫里斯 · 桑达克在 1963 年出版的一部童话，讲述了一个孩子因为被送到一个没有晚餐的地方，负气离家出走后，航海到达一个有很多野兽的地方。驯服野兽后，他被推举为丛林之王并和动物嬉戏玩闹，最终回到有晚餐的温暖家中的故事。“这一价值观则表明，我们希望员工都能冒险”。古德这样介绍。

第三条是，“用 Buzz 的思维做一个石灰像”(Buzz Twist and Lime)。“在 Buzz，我们常常会说一句口头禅‘这是 Buzz 思维吗’，这句话要求我们，要用一个独特的，Buzz 的思维角度和模式做我们每个创新产品。‘石灰像’则是说要把这种想法落实，而不是在会上想到的一个主意。”古德说。

除了这 3 条价值观以外，Buzz 也引入了 “同伴小组”(Buddy Group) 活动来帮助建立人与人之间的稳固关系和组织内的强凝聚力。每个 “同伴小组” 大概包含在不同项目组工作的 4~5 人，每当有新员工加入，他们立即就会被分配到某个 “同伴小组” 中。对于每个 “同伴小组”，公司都会为其提供每人每月 15 澳元的预算。古德解释道：“他们可以去打保龄球，或者去一间新的咖啡馆聊天，或者去博物馆。他们可以做任何他们想做的事情，只要他们在一起。‘同伴小组’活动确实使得整个公司内的人际关系更加融洽，每当有新成员加入的时候，也能带给他们家一般的温暖。”

当然不只是“同伴小组”活动能给新员工以温暖，每当有新员工加入的时候，公司里的所有人都会佩戴一个名牌——一个简单的举动，就可以让新员工立刻有了被欢迎的感觉。

关键点

- 创新文化最强有力的驱动因素就是，具有组织范围内的凝聚力，并且公司的每个人都觉得是在为同一个团队效力。
- 创新活动可以变成一个有效的让人们思想统一的工具，能鼓励大家团结在一起解决一系列的挑战。
- 开放和分享是促进凝聚和创新企业文化的两大特征。
- 有宏伟的目标会高效地把员工凝聚起来，并让他们觉得是在为一个团队工作。
- 考虑建立跨部门的“同伴小组”计划，它可以把公司内看起来毫无关系的人联系在一起。

第 13 章

参与

办公室不是好莱坞——为什么我们不需要明星

如果你曾经读过创新领域的相关文献或书籍，你可能听说过“黑客日”（或者称“黑客马拉松”）。这个词在近些年来被广泛传播，也成了很多科技公司的一项例行活动。2005 年，时任雅虎搜索部门负责人的柴德·迪克森（Etsy 的现任 CEO）发起了这项活动。

“我注意到一件事，在雅虎，我们的内部网站叫作‘创意工厂’（Idea Factory），”迪克森说，“之所以叫‘创意工厂’，是因为我们需要一个建议箱来接纳所有的创意。如果你在雅虎工作，且有了一个能促进世界和平的想法，你就可以去‘创意工厂’留言，‘如果这个世界这样做的话，那么这些好事就会发生’。”

迪克森发现，“创意工厂”从未缺乏过创意。事实上，公司的每个人都有很多创意，但是，如果创意未被执行，那么就只能是创意。当迪克森在雅虎发起“黑客日”的时候，他希望在一个限定的时间内，一群有创意的人可以把一些创意真正落地。

迪克森的“黑客日”有一个关键因素就是参与者被给予充分的自由，他们可以信马由缰。“在公司内部，这样做是很难的，一家公司总有自己的运营目标，你还需要给雇员发工资，但是我从雅虎的高层管理者那边得到了很多支持，”迪克森说，“我听到了一些只有三五个人的创业公司的创业经历，我就想，如果对于一家有3 000人的公司会怎么样呢？

“我们设定了24小时的挑战时间，所有的管理层都允许工程师在这24小时之内，做他们想做的任何事情。唯一的要求就是：用这24小时的时间，做出什么东西；创造新的模式；并在一天结束后展示给大家。我们不限定小组成员，也不限定工作环境。

“‘黑客日’的前提就是，开发者要有伟大的创意，并且有能力去执行它们。如果你不告诉他们做什么东西的话，他们会做出了不起的事情。当然，事实也正如我们所料。”

迪克森所在的雅虎搜索部门有将近3 000名员工，有几百名员工参与了第一个“黑客日”的活动。“我甚至都没有要求员工去参加，我只是说：‘今天你们可以做你们任何想做的事情，我们待会发给大家一个表格，你们可以登记一下你们想做的事，然后在这一天结束的时候把你的小样展示给我们。’当这一天结束的时候，我甚至不知道谁做了什么，完全没有秩序可言，我们有70个团队，每一个团队都有自己要展示的产品。”

雅虎之后在美国、英国和亚洲等地的办公室都推行了“黑客日”活动。“人们做的全部都是创新。”迪克森回忆道，“我的理论最终也得到了证实，如果你有一群很聪明的人，给他一个空间，他们就会做出异常精彩的事情。我的理论一次又一次地被证实。唯一不同的一点就是，不同的地方吃的不一样。我们在班加罗尔有咖喱角，而在加州有比萨。”

当迪克森到 Etsy 担任 CEO 的时候，他把“黑客日”的概念深化为“黑客周”。在这一周里，他会要求公司的所有员工停止正常的工作，构造新的原型对象，在这周结束的时候，写出可以产品化的代码。表现最优的团队得到的并不只是普通的奖励，而是将他们的代码用于公司网站更新。

Etsy“黑客周”的一个产品就是，有一个团队建立了一个系统，它会把顾客收藏的内容直接显示在搜索结果里，而不是还需要去收藏夹点开。这实际上只是一个很小的创意，但是这个创意被执行之后，收藏量增长了30%。

回顾“黑客日”或“黑客周”对公司文化的影响，迪克森说：“推行‘黑客周’，就是从另一个角度上说，我信任你们这个团队。我知道，当我给你们足够自由的时候，你们会做出意想不到的成果。这实际上是一种活力，因为，在我看来，一般公司不会这样做，或者直接说‘我们不能这样做’，最本质的原因是公司缺乏对员工的信任。当你信任你的员工时，你的员工也会信任你，他们会在工作中表现出色，他们会很开心，他们会做出更多有创造性的产品。”

★★★

提高创新参与度的有效方法之一就是有一个清晰的创新体系。尽管本书是讲创新文化的，但是我也愿花点时间说说，一个好的创新流程是什么样子的。大概有如下几步：

1．创建一个创新任务。

2．考察你的环境（询问你们顾客的痛点）。

3．设定你需要解决的挑战。

4．产生创意。

5．筛选你的创意。

6．实验。

7．比较。

8．推广。

像第 10 章中提到的那样，一个好的创意实践过程，并不是从产生想法开始的——尽管很多公司都是这么做的。相反，创新流程需要从制定清晰的创新任务开始，只有这样才能为创新指明战略性关注领域。比如，一个创新任务可能是“2020 年世界碳吸收和排放达到平衡”“在某一类中做下一个事件”“让中小企业能更安全地使用互联网”。

★★★

一旦这些清晰的目标设立好之后，就进入考察环节了。这一环节则关注于客户，你需要鼓励员工走出办公室，去和真正的客户交谈。在很多组织中，人们只是简单地问客户“他们想要什么”，或者对他们而言什么比较重要。但是，客户的想法很多时候是很不靠谱的。人们实际上并不擅长预测在未来他们真正想要什么东西。就像亨利·福特说的那样，“如果你问人们想要什么，他们的答案或许是跑得更快的马。”

所以在考察环节当中，不要问客户想要什么，而是问什么困扰着他们。在 Inventium，我们把这一环节称为痛点环节——询问客户到底什么让他们特别愤怒。为了挖掘痛点，你可以问他们与你关注点相关的活动或流程，比如洗盘子，买唱片，邮寄包裹或者清理烧烤架。问他们这些事情的每个步骤，比如洗碗，第一步肯定是把碗弄脏，然后摞在一个临时的地方（比如水池）；然后把它们放进洗碗机里（很可能是一次性做完，或者一点一点地放）；然后选择洗碗机最恰当的清洗模式；等洗碗机洗完碗；最终清空洗碗机。

当你问顾客每个步骤的时候，重点关注困扰他们的点。比如，Inventium 有一次接受一位客户的改进清洗烧烤炉的委托，我们发现洗烧烤炉的工作中，工作量最大的部分就是洗烤架（当市面上没有好的解决方案时，顾客就会开发出他们自己的方法），顾客一般用揉皱的报纸来清洗烧烤架。因为你已经找到了困扰他们的症结所在，要问客户他们对现在的解决方法是否满意。如果他们的困扰点和现在的解决方法之间还有较大落差，那么你就找到了一个绝佳的创新点。

★★★

一个有效创新步骤的第三步就是，设定你致力解决的某一特定挑战。你需要从第二阶段中发现的痛点跳出来，确保你设定的挑战是清晰和具体的，最好也要让你的挑战振奋人心。例如，不要问“我们怎么能够提高 A 产品在校园市场的占有率？”，而是“我们怎么在校园当中刮起一股 A 产品旋风”。无聊的挑战就会得到无聊的创意，令人振奋的挑战才会得到令人振奋的创意。

设定好挑战之后，下一步就是产生创意了。（是的，产生创意是一个完美创新步骤的第四步，而不是第一步！）

★★★

你可能产生了很多创意，下面开始挑选这些创意，想想哪些留下哪些丢掉。在你挑选哪一个创意是更好的时候，我可以根据“决策疲劳”（Decision Fatigue）的研究给你一些建议。我们知道人类大脑在做出决策时的资源是有限的。每天早上，当我们醒来的时候，我们做决策的能量又重新得到补充。然而一天过去了，做决策的能量会随着每个决策而消耗——“决策疲劳”就来了。基本上，在一天的越晚时候做决策，决策的质量就会越差。

“决策疲劳”让我们采取最小阻力的决策——就是做最简单、最低风险的决策。在创新领域，你最好不要让“决策疲劳”出现。在早晨做你一天当中最重要的决策。

一旦你做了决策，一定要避免在创新过程中经常犯的错误：①小组访谈；②做一个商业案例。

让我们先把关注点放在小组访谈上面。我曾经在一家广告公司做消费者心理学研究员，大概组织过几百次小组访谈。如果你没有参与过小组访谈的话，先简单介绍一下，小组访谈是组织 8 位左右的顾客，访问关于某一特定产品的问题，旨在获取他们对产品的观感，了解他们是否会购买这些产品。

小组访谈有两大主要问题。第一，人们基本上都是很友好的。他们想要被人喜欢，并且不喜欢让别人反感。所以，作为小组访谈的主持人，你听到和看到的都是透过玫瑰色镜片的内容；第二，人们并不擅长预测他们将来的行为，这也是小组访谈最重要的问题。尽管他们觉得你的产品很棒，表示肯定会买，但研究表明，购买意愿和购买行为并不匹配。当你有了一个概念想测试的时候，确定一点，你测试的是购买行为而非购买意图。

现在，让我们看看公司经常犯的第二类错误——构建一个商业案例。在某种程度上说，构建商业案例还不如小组访谈呢——小组访谈最起码测试的是顾客！相反，商业案例则需要做很多关于客户（在尚未访谈的时候）的假设，其中包括做得很漂亮的电子表格、很漂亮的增长曲线，这对管理层而言是难以抗拒的。我还从未见过一个不增长的商业案例，但是我却见过很多在实际生活中和案例截然相反的情况。

当涉及突破性或者颠覆性创新的时候，商业案例的另一个问题就是，他们的假设甚至没有在最终用户上测试过。所以，为了帮助降低失败率，如果你决定推行一个方案的时候，你一定要走出去，和真正的消费者交谈以做出合乎常理的假设。

★★★

一旦你把你的创意进行了筛选，创新流程的下一步就是测试阶段了。这时你需要有科学的方法测试你的所有假设，并且根据实际情况迭代（改变和提高）你的创意。

所有的实验都开始于做假设。埃里克·莱斯在《精益创业》（*The Lean Start Up*）一书中提到要做两种假设：价值假设指的是，你为什么认为你的客户会觉得你的产品是有价值的、有用的并且最终愿意用钱（或任何有价值的东西）来交换；增长假设指的是，你怎样做才能让产品的用户群不断增长。

一旦你做出了一系列的假设，莱斯建议将这些假设根据风险等级由高到低排列。最先测试风险最高的假设，下一步就是做一个最小化可行产品（Minimum Viable Product）。这个最小化可行产品是个简化版的产品，方便你学习并测试假设。

下一步就是设计一个验证原因和结果的试验，你可能需要建立控制组和实验组或者进行 A/B 测试，因此，你就能得出一些结论，是什么行为导致了产品的改变。在研究过所有结论后，看看你的假设是否得到了支持，并且做出是否需要基于客户行为改变或者迭代产品的决定。

★★★

在你的产品经过一系列测试并迭代之后，就可以投放市场了。这对一个组织而言，应该是“简单”的工作，鉴于所有的工作都是在一天一天地执行。

最后，做完所有的事情，千万不要忘记推广你所做的事情——内部和外部推广都很重要。你可能会觉得这都不需要说，但我见过很多组织在这一点上却做得一般般，尤其是在内部推广上（和你的员工分享这些事情）。以我切身经历为例，在我们给一家大型银行的产品设计部门做创新培训的前一天，这家银行发布了划时代的新技术，所以，我特别兴奋地问他们知不知道这个新技术是怎么研发出来的。当我问他们的时候，他们却说，他们第一次知道这件事竟然也是从报纸上知道的。诚然，这样确实不大理想。

★★★

根据我所描述的过程来执行创新并确保每个人都知道应该做什么，这会给每名员工提供一个清晰的参与创新的路径。执行一个脱离于组织层级限制的创新过程，并且确保每个人都参与（不管是明确需要解决的问题还是想出创意）是培养创新蓬勃发展的企业文化的重要组成部分。

很多人经常会问我这样的问题，创新是有分工的还是民主的，简言之，创新是一小部分人的事还是所有人的事？鲁汶商学院的安尼克・卡斯淘克和她的同事对以下问题做了研究：如果管理者鼓励组织中的每个人都为创新做出贡献，会不会因为问责制的效果在整个组织中被稀释（法不责众）了，所以没有人会真正为创新做出贡献？研究者采访了不同企业的很多研发经理和质量控制经理，询问他们企业内部的创新路径以及公司怎样鼓励员工创新（也有可能不作为）。他们还研究了一些企业鼓励创新的方法和结果。

卡斯淘克发现一个全部员工参与创新的工作环境对促进公司创新十分有益，尤其是当管理层鼓励员工针对某一具体问题提出创意和提供解决方案时。以雷诺为例，管理层找出了一些公司内部亟待解决的挑战，并向全部员工公布。从 1999 年到 2006 年，参与解决挑战的员工比例从 15%上升到 75%。雷诺预计，到 2006 年，单从员工参与创新项目得到的收益就高达 4 500 万欧元。

很多组织认为创新应该和日常经营分开，只需一部分明星员工来负责创新即可。雅虎就是这样的例子。雅虎曾经设立了一个名为“石头城”（Brickhouse）的部门——作为公司内部的独立创意孵化器。这是一个初创企业的环境，但拥有一个大型跨国机构所能提供的所有资源。管理层认为雅虎公司主体不能支持突破性创新，并在过去一段时间里还扼杀了创意的幼苗，“石头城”则旨在引导雅虎公司新的突破性发展。

“‘石头城’更像是雅虎内部的创业孵化器，”柴德・迪克森（在加入 Etsy 之前是雅虎“石头城”的前负责人）解释道，“我们就像创业企业一样，以小组为单位工作，每组 3～5 人，解决诸如‘我们做什么产品能成为未来的独角兽’。

“我认为这是一次伟大的尝试，但是我学到了——这也是我为什么来 Etsy 的原因，Etsy 在那时候规模还是很小的——在大企业内部做创新是十分困难的。这是因为你仍然面临着大企业有的一切困难，不管是支付系统还是采购系统。

“如果你在雅虎需要一台服务器，即便你在‘石头城’工作，还有个复杂的采购流程，你需要和你的其他小伙伴一样等一段时间才能拿到。当我在 Etsy 的时候，我可能永远都不会忘记下面的事。我在第一年某个假期的时候需要买一台服务器，我就从 Amex 买了一台，从购买到联邦快递发过来，最后在数据中心安装成功，总共不超过 48 小时。”

“我学到的最重要的一课就是创新是不能分工的。”迪克森说，“对我而言，如果在一个组织中创新是分工的，这就是一个危险信号了。”

令人忧伤的是，雅虎不出意外地关闭了“石头城”项目。

值得关注的一点是，对前台业务的创新民主普及化是最有效的——前台就是发现问题并且解决问题的。和一小部分人做创新工作相比，全员参与，发现客户的需求和痛点，产生创意并且解决问题要好得多。

创新在后台——好比在路上铺沥青一样，把创新执行并固化——是不一样的。这里你需要把创新进行分工，把创意分配到不同的项目团队上（如果不这样做的话，创新是没办法落地的）。

★★★

参与是谷歌企业文化的基石——通过“声音”(Voice)这个概念来表达。在《重新定义组织》一书中，拉兹洛·博克对“声音”的含义进行了描述：

> “声音”意味着管理层需要给员工讲述公司是怎样真正运行起来的。在不告诉他们的情况下，你可以认为员工都是优秀的并希望他们为公司付出，要么你也不信任他们。对许多组织而言，告诉员工公司的运行方式是一件恐怖的事情，但这是唯一一个把你的价值观赋予员工的方式。

有一个经典的例子描述了谷歌是怎样鼓励员工发出声音的，这是一个由前 CFO 帕特里克·皮切特提出的名为“官僚主义破坏者”(Bureaucracy Busters)的活动。“官僚主义破坏者”是谷歌一年一度的活动，它要求谷歌员工对他们最大的困扰提供解决方案，其他谷歌员工可以对解决方法进行投票，选择出他们最想看到被执行的方案。在第一年，大概有 570 个创意被提出，最终有 55 000 人次投票。总的来说，这些困扰基本上都是可以被轻易解决的小问题。

这看起来是个可以直接提高生产力的方法，但这个方法更大的意义在于它反映出你的组织是怎样处理这些问题的。尽管并非情愿，关于官僚主义的困扰似乎是被员工认为理所当然的。事实上，我从客户处经常听到，他们面临的关于创新的最大问题就是官僚主义让他们没办法做任何事情。

★★★

另一种在创新上的参与感是，把员工看作不仅是创意的提出者，也是创意的测试者。在视频分享网站 Vimeo，任何创意在推向市场前都会在员工层面首先测试。

当 Vimeo 几年前意向进行全新的网站设计时，他们没有把这些巨大的改变直接推向公众，而是由员工先花几个月时间做内部测试。戴耶·梅伦坎普， Vimeo 的总裁这样描述那几个月："我知道最开始的那个版本不是我们想要的版本，我们都知道，但是不知道怎么办。随着越来越多的员工参与测试，找到细节问题，不断迭代和提高产品。最终，大概经过了几个月的测试和迭代，我们终于做到了。我们知道我们做到了，这是因为每个人都说'我不想再用原先的版本了，千万不要让我再用老版本'。"

澳大利亚联邦银行正积极推行一个叫"实验室之友"(Friends of the Lab)的活动，旨在促进员工参与到创新中。"这项活动的目的，"澳联邦银行创新实验室负责人提赞娜·边可说，"是为了促进员工的积极性，并且让员工和测试内部产品结合起来。我们的雇员群体非常庞大，足够代表澳大利亚国民，内部测试新产品或新概念并不只是一个得到反馈的方法，更是让员工参与到创新旅程当中的重要组成部分"。

在活动发布 6 周后，约有 700 名员工注册。"'实验室之友'的成员非常愿意参与早期的项目测试。"边可说，"对他们而言，这更像参与一场内部创新'战役'。"为感谢他们付出时间参与，"实验室之友"社区会邀请他们参加内部活动或创新训练课程。

除了考虑如何调动员工积极性使其参与到创新中来，银行也开始重新设计方案，邀请供应商参与到创新中。最近的一个例子是，该银行也搭上了改变内联网的快车，试图从外部机构寻求建议。

"我想我们应该重新思考如何从供应商那边获取反馈的方式，这是因为我们的标准服务建议流程模板从 20 世纪 80 年代就开始应用了，"边可回忆道，"所以我们邀请了 6 个供货商来参与一个 3 天的'温室活动'。"

活动由银行的首席信息官描绘员工愿景开始，员工会和供应商谈话，供应商就有机会了解员工的痛点和他们的潜在需求。3 天后，几个由员工测试过的新功能原型，就展示在 4 位评委面前。

“这项活动不仅使供应商可以展现他们的能力和想法，”边可说，“还给银行提供了高质量的交付品，竞争环境下的特殊思考和一些可以快速执行的方案。最重要的是，我们收到了不同于纸质反馈表的，可以执行的真正方案。”

★★★

鼓励员工参与到创新奖项评选当中，也是一个告诉全体员工他们的观点十分重要的好途径。在辉瑞，负责国际创新的副总裁温蒂·梅耶说，他们从“勇于尝试”奖上得出这种方法，“勇于尝试”是辉瑞公司层面上的以季度为单位颁发的奖项。“以前只是由创新团队来评选这个奖，” 梅耶回忆道，“通常我们会把提名分开，然后问大家：‘你们觉得哪 5 项是最具创新性的？’这件事对我们而言十分具有挑战性，因为我们并不是很多领域的专家。了解不同团队做的事情是一件极富挑战的事情，并且我们经常会被质疑，我们到底是不是站在整个公司层面上说话，我们是不是选出了那些让其他领域的辉瑞员工都觉得骄傲的产品。”

考虑到这些问题，梅耶和她的团队决定把评选流程众包出去。所有的提名项目都会被列到公司层面的科技平台上，并且对其加以描述。公司鼓励每个人都上去看一看，每个人可以看一个项目，也可以看 100 个项目——只要他们喜欢。每个创新都会有几个维度来衡量它，然后计算一个平均值。

奖项的评选从传统方式变到众包模式，对整个公司参与而言，是一次巨大的胜利。“第一周就有超过 5 000 位同事评估了项目，简直可以称为一件盛事。”梅耶说。

通过众包模式，有 25 项创意被最终确定下来。基于这个成果，梅耶的团队再挑选出 5 个最棒的颁发奖项。“这让整个公司的员工都参与进来，”梅耶说，“我们还听说，在评估项目过程中，公司正在发生的这些事情给了员工特别深刻的印象。这是一个启发员工并且给他们更宽广眼界的机会。”

关键点

- 在建立强大的新文化过程中，邀请组织当中的每个人来创新至关重要。
- 把好的创新流程实践告知给组织当中的其他人，有助于人们了解，他们怎样做才能更容易地促进创新。
- 研究表明，在前台业务（尤其是那些可以察觉顾客困扰和想出相应解决方案的创意的部门）中推行创新民主普及化最有效的步骤。
- 对后台部门（固化和执行解决方案的部分）而言，最好把创新分割开来，来确保创新真的会发生。
- 采用创新奖项和鼓励员工对他们最喜欢的创意投票是另一个在公司层面鼓励员工参与创新的方法。

第 14 章

物理环境

调整背景噪声和其他可促进创新的战略

估计没有任何一家公司会像欧兹马戏团公司一样对他们的办公空间感到反感。位于墨尔本郊区科林伍德的新办公室和排练室的设计工作足足进行了 10 年。但当你走进去，你会觉得一切都是值得的。

新办公室的设计是基于公司如何提高合作来考虑和决定的。欧兹马戏团原先的办公室和排练场，坐落在被列为文物保护单位的旧邮局，毗邻另一个同样被列为文物保护单位的海军训练场。这处旧邮局内部有走廊相连，在院子里面还有旧的邮箱。演员在海军训练场排练，而办公人员则在邮局中办公。这样的环境不仅没有促进合作和创新，反而生生地割裂了它们。

与之截然不同的，新场地则建了一片巨大的中央排练区，排练区周围还环绕着办公室，这样的空间结构可以促进合作。从每个工作台出发，只需要最多走 4 米，就可以透过窗户看到排练场。“这意味着财务和市场的每个人，甚至前台接待人员，都可以从他们的座位站起来仅需走几步路，就能看到并且说‘哦，就是这个，这就是他们今天的工作，”艺术总监兼联席CEO麦克·芬奇这样说，“而且我们故意没有做隔音装置，我们希望人们听到排练场现在正在表演什么——当乐队表演的时候，在办公楼里面你就能听到低沉的雷鸣声。”

从餐厅向下俯瞰，一栋3层楼的中庭沿着整个建筑的脊柱向下延伸。当演员去餐厅吃饭的时候，工作人员也一起去，所以他们能坐下来，一起吃饭聊天。芬奇给我们描述了几段由这个新的建筑设计产生的内部交流。一位行政人员对演员说，“我看到你的表演了。特别有意思，我能拍几张照片发推吗？”市场人员可能会和杂技演员聊天，新的创意也就产生了。“哦，这让我想起了一段我昨天晚上在油管上看到的剪辑。”他告诉演员，演员下午回去试一下，然后新的创意出现了。

欧兹的办公室也成了马戏团行业的一个非官方枢纽。“当有人来墨尔本做巡回演出的时候，”芬奇说，“他们会到访欧兹。从那些在不同环境下工作的外部人员身上，你会得到一些类似于异花授粉或者说颠覆性的影响。他们可能在欧洲巡回表演了两年的舞蹈杂技秀，但是他们来拜访我们，或许在交流过程中就能碰撞出些许火花，这些火花很可能是任何一方独立工作都不会产生的全新创意。”

★★★

一个长达10年的办公室设计工作可能看起来有点太极端了，但遗憾的是，大部分的办公室一点都没有考虑到设计是怎样影响创新、生产力和幸福指数的。在Inventium工作期间，我拜访过的办公室90%都是灰色的、沉闷的，由惨兮兮的人工荧光灯提供照明的办公室。会议室则是无窗户的，墙面为白色或灰色，且疏于装饰，一般也就是有一些米色家具。这种环境是不会促进创新的。

有趣的是，在很多分析创新文化的驱动因素的元分析中，他们常常忽视了一个重要变量：物理环境。尽管已经有很多研究关注于物理工作环境对我们的工作体验、思考能力以及某特定方式下工作结果的影响。鉴于此，最后一章讲的是如何操作或改变物理工作环境从而促进而不是阻碍创新。

★★★

使工作的物理环境变得更好的方法有很多种，而自然环境则是其中受到最多关注的一点。来自卡迪夫大学的马龙·纽纹希斯和他的同事研究了绿化对人们工作幸福感和生产力的影响。在最早的研究中，他们把一半的办公室进行绿化，另一半则未做改动。3 周后，在绿化区工作的员工明显觉得他们注意力更高，就像植物一样在生长。

在接下来的实验中，他们在呼叫中心放了很多植物，所以在呼叫中心的每名员工都能看到至少一盆大型绿植。3 个月过去了，和那些在另一层没有收到绿植的同事相比，他们说觉得更开心了，且更能集中注意力。

在最终的测试中，研究人员邀请了 33 位志愿者，在有绿化的和非绿化的办公环境中完成了一项任务。那些在有绿化的办公室工作的志愿者完成任务的速度更快，并且没有出错。纽纹希斯和他的同事发现，总体而言，仅增加几盆绿植，员工的生产力就能提高约 15%，这对大多数企业而言是非常简单的方法。

研究表明，更多地接触自然也对创造力有积极影响。来自堪萨斯大学的鲁斯·阿切力和她的同事研究了一组不带任何现代科技设备的 4 日远足团队。一半的参与者在远足之前，会被要求完成一项需要创造力完成的任务，另一半的参与者则被要求在远足之后完成这项任务。那些在大自然中浸润了 4 天，且毫无现代通信设备打扰的人们，完成任务的质量则比另一半高出了 50%。这份实验的重点在于，自然环境对促进创造力有重要作用。当然，从科技中摆脱出来也有益处。

接触自然环境有降低压力水平进而提高创造力的好处，这已经被研究者所证明。压力水平亦可通过光线和观赏外界景色等物理因素降低。俄亥俄大学的朱利安·赛耶和他的同事研究了办公室环境对压力水平的影响。赛耶招募了 60 位在风景和照明都一般的传统办公室工作的人或者在有好风景和自然光照明的现代化建筑中工作的人参与调查。研究者发现，那些在视野不佳、光线昏暗的环境中工作的人有较高的皮质醇水平，皮质醇是一种和压力相关的激素。

★★★

不列颠哥伦比亚大学的拉维·梅塔和他的同事对噪声对创造力的影响十分感兴趣。他们邀请了 65 位学生，参与创造力问题解决测试。学生被分为了 4 组，高噪声组、中噪声组、低噪声组和无噪声组。在测试开始前，研究者合成了一些从真实生活如咖啡馆和大街上收集来的声音。梅塔和他的同事发现，处于中等噪声环境（70 分贝）的同学，表现得比那些处于低噪声、高噪声和无噪声组中的同学更好。测试结束之后，研究者测量了参与者的情绪对他们表现的影响（如他们是否开心）。有趣的是，研究者发现，不管参与者情绪如何，噪声对创造力的影响是一样的。

在一系列后续的测试中，如某一项测试要求他们对床垫制造提出新的创意，那些处于中等噪声环境的小组表现得比其他几组都要出色，他们的创意也被评定为最具创造力的创意。除此之外，研究者还评估了参与者的处理失调（一种衡量注意力分散水平的指标）情况，因为有研究表明处理失调可以提高抽象处理能力和创造力。完成测试后，参与者立刻需要回答他们在整个测试中注意力分散程度的问题。如预期的，那些处于中等噪声环境的小组比处于低噪声环境的小组注意力会更不集中。

最终的测试中，梅塔研究了环境噪声对创新接受度的影响。他邀请了 68 位学生参与测试，学生要在学校的大堂隔间里对几组传统或者创新的产品做出选择。考虑到这是真实环境，研究者还记录了试验期间的噪声情况。此项研究结果验证了研究者的假设，在中等噪声条件下，和传统产品相比，人们更愿意接受创新产品。

在中等噪声条件下，和传统产品相比，人们更愿意接受创新产品。

所以，在设计办公室的时候，你可以根据声音等级对办公室进行分区。有些类型的工作需要特别安静的工作场合（如一些需要高度注意力的工作，或者电话会议），而那些需要创新的工作则放在中等噪声的区域。梅塔建议，70 分贝是一个适合的中等噪声等级——和你平常走在大街上听到的噪声等级是差不多的。

★★★

过去几年在关于办公室颜色的研究上，却有一些相互矛盾的地方。亚利桑那州立大学的珍妮·麦考伊研究的是当人们在从事创新工作的时候一般都寻找什么样的环境。除其他事项外，麦考伊发现人们避免在冷色调中而喜欢在暖色调的空间里面从事创新工作。在第二项研究里，她发现人们在多色环境里比在单色环境里能创作出更原创且更有意思的拼贴画。

在近几年，研究者发现，或许是因为蓝色和绿色与自然环境相关，它们都对创新有积极作用——当人们处在蓝色或绿色的环境中，他们会觉得更加放松。慕尼黑大学的几位研究者邀请65位志愿者到实验室参与解决一个创新问题。在登录任务系统前，有些人的登录画面是绿色的，有些人则是白色的。研究者发现，绿色画面组在创造性思维任务上的表现比白色画面组平均高出20%。

在进一步的研究中，研究者还也选择了红色、蓝色和灰色。研究者发现，绿色对促进创新的影响最大，这是因为绿色能够让人想起自然——就像在之前的内容中提到的，自然环境对创新（而非生产力）的好处得到了持续验证。

尽管某些关于颜色的研究是矛盾的，但有件事情是肯定的，那就是有颜色比没颜色好。所以，在办公室的任何地方点缀点颜色吧！

★★★

还有一部分研究是关于，把我们自己放在不同或不可预料的刺激当中的影响。德鲁克大学的马利亚·克拉汗发现，那些看了60个不相关语句的人，在创新任务上面的表现要比那些没有看过的人好得多。这些研究表明，接触很多不相关的信息，可以让创造性思维流动起来。事实上，在你脑海中流动的思想和经验越多，你就有更大的机会产生创造性的思想。

在提供给我们的客户很多有关物理环境促进创新的课程后，Inventium在2015年迁入了新的办公室。我们终于把我们讲了这么多年的事情变为现实。

我们面临的第一个挑战就是，选址。我们知道要选的地方需要有足够的自然光线，但是在墨尔本 CBD 地区却很有挑战。和那些在大多数城市都有的传统办公室相比，我们希望一个有个性的地方。在找到最终的办公室前，我大概看了 40 多个地方。当我最终找到它的时候，我对自己说，嗯，就是这儿了。

我们的新办公室有一个矩形外壳，有自然光，有 4 米高的天花板，并且它处在一幢诡异的老建筑中。还有个额外的惊喜，它在墨尔本最美味的 Chin Chin 餐厅上面。

我们请了一位设计师，把办公室的外壳改造成更适合办公的样子。我们请了一位叫图米的街头艺术家，请他在我们的墙上写了很多“你知道吗？”（我们花了几天时间找到了一些最不寻常的和能激发反应的要素）。我们找了大概 50 种不同的植物（大部分是真的，也有一部分是假的）分散摆放在办公室的各个地方，还吊了一些在天花板上。为了更容易沟通协作，我们都在两张巨大的公用办公桌上工作，背景噪声自然是中等水平。并且，我们为需要从人群中走出来休息一下的员工提供了一些休闲会议场所。我可以骄傲地代表我们整个团队说，我们的办公室，绝对是我们所有工作过的办公室当中，最好最具活力的办公室。

★★★

到目前为止，你可能会发现本章的建议都非常实际，我也意识到许多读者可能并没有权利在办公室里面做什么大的改变。如果你的情况是这样的，那么最后一项研究应该是有用的。英国埃克赛特大学的研究者研究了给员工以自主装饰办公场所的权利对生产力和满意度的影响。他们发现，那些对家居和装饰有话语权的人，其生产力要比那些没有话语权的人高出32%。

遗憾的是，许多组织对这些研究却仍然无动于衷。在2012年，当必和必拓的上千名员工走进西澳大利亚区域的总部时，一份长达11页的“清理办公桌”的指示就放在了他们的案头。在“清理办公桌”的政策指引下，员工在每日工作结束后，能留在办公桌上面的东西就只有电脑显示器、键盘鼠标、鼠标垫、电话、耳机、A5照片相框和一些人体工程学设备。为了防止公司的指示不够清楚，文件里面甚至还有一张照片，展示了清理好的桌子是什么样的。员工不允许带自己的绿植，甚至不允许美化他们的电脑壁纸。

与此截然不同的是，建筑公司米瓦克（Mirvac）的创新总经理克里斯汀・吉尔罗伊则确保了员工在那些涉及创新的区域有足够的自主权。在学习了一些如何能促进创新工作环境的准则之后，吉尔罗伊发现他们办公室的环境与这些准则背道而驰。考虑到这些，吉尔罗伊打算把办公室改造成令人惊叹的创新空间。

吉尔罗伊给那些愿意改造办公环境的志愿者打了电话。他们有4周的时间，可以花15 000澳元去改变办公环境。“这就像街区（有不同的人）一样，只不过这次他们的统筹单位变成了公司。”吉尔罗伊说，“我们有来自不同部门的不同员工，他们在此前从未一起工作过。他们各有所长，这些人里面有我们从建筑和设计部门来的志愿者，也有从财务和秘书部门来的人，他们完全是不同类型的人。”

吉尔罗伊不知道即将会发生什么，并且准备好迎接一些像装修过程中触发火警之类的灾难。但结果却出人意料的好，装修一新的创新空间每日都处于满员状态。“这个项目给我们带来了许多好处。我们不仅成功地改造出了这样的空间，而且也给出了如何调动员工积极性的一个极好的范式。这是一个展示他们工作之外的绝佳创意的机会。”吉尔罗伊说道。

和米瓦克类似，全球药品业巨头艾伯维（AbbVie）的澳大利亚分公司为促进 300 余名员工的合作创新决定行动起来。克里斯顿·欧多赫提邀请人们组成不同的小组，改造办公室中的各种元素——如物理环境、企业文化、无纸化办公等。

“我们有从不同业务线来的 60 名员工，在这个项目上工作，”克里斯顿·欧多赫提回忆道，“他们完成了所有工作，他们完成了设计并实施了无纸化办公，他们设计并选择家具，完成了办公室的最终布局。”

新办公室最与众不同的地方就是设置了办公分区。办公室里面设有非固定座位，并为那些需要专注的人们设立了“静区”。办公室的其他部分则被设计成了交谈与合作的区域。餐厅位于整个办公室中间——这是一个所有人都可以一起吃饭并举办各种活动的地方。

欧多赫提说：“我们希望创造的办公区域是一个所有人都可以互相见面的区域。我们已经从某名员工身上看到了巨大的变化，他今天可能是和一个药品警戒的人坐在一起，明天就变成了和财务的人一起坐，后天可能是和内科的人一起坐。每个人每天都在办公室里面活动，人们向我们反映说，他们觉得同事间的关系更紧密了，也更了解业务了，并且同事间有了更多面对面的沟通而减少了邮件。”

“为鼓励合作和碰面效应，我们的餐厅还请了一位咖啡师，这里成了办公室早上最火的地方。如果你在 8 点半到 9 点去参观我们公司的话，你会看见每个人都在那，边喝咖啡边闲聊或聊聊最新的进展”。

关键点
• 大到自然风景，小到桌子上的绿色植物，试着把自然的气息带到你的工作环境当中，这不仅对员工创新有促进作用，还能提高他们的生产力和幸福感。 • 中等噪声水平会促进创新，这是因为中等噪声水平有轻微的分神效果，这可以促进创造力。 • 冷色调（尤其是绿色）和暖色调都对创新有着积极影响。 • 接触不同的刺激可以促进创造力，所以想想看你可以把什么样新的，或者不可预料的刺激带到工作环境中来。 • 风景和自然光，是良好物理环境的两大重要组成部分。 • 在办公室设置一个中心点，这样可以促进人们经常碰面。

现在怎么办

本书考察了创新文化的 14 个最大的驱动因素。一次性实施这 14 个驱动因素是个庞大的任务！所以不要一次性尝试全部，我建议你再回过头看一看本书开始的部分给出的创新文化调查表，分析你的测试结果，找出得分最低的 3 项，并从这 3 项开始。关注 14 项中的 3 项在初始阶段是比较容易控制的工作量，接下来你再做其他的项目时也会容易些。

一旦你选定了 3 个优先的领域，回顾其他公司是怎么实践的是一件值得花费精力的事情。在 Inventium 有个座右铭"尊敬的偷师"（Steal With Respect），这个偷师不是说在未正式通知别人的时候窃取他们的知识产权。我们是说，如果有公司想出了类似鼓励冒险的好方法，那么你可以根据自己的情况对他们的方法进行适当改变，而不需要你重新设计一种方法。

例如，如果冒险是你们组织得分比较低的部分，你可以采用塔塔集团的"勇于尝试"奖去认可那些市场反响一般但却有重要教训的事（见第 11 章）。如果资源是个问题，为什么不采取 Adobe 的"自由搏击"想法，就像雀巢做的那样（见第 9 章）。

不要因为你不是 CEO 或者创新总监，也不要因为没有决策权而感到沮丧。你不需要上来就做一件大事。本书里面有很多关于个人或者小组层面的建议，你可以容易地执行它。例如，在桌子上放一盆绿色植物就可以促进创新——不只是对你，也是对那些看到你办公桌的其他人。

改变企业文化不是一朝一夕的事情，和寄希望于买个桌上足球或者沙包就能得到最好的创新文化相比，你最起码已经用能促进创新文化蓬勃发展的科学方法武装了自己！

作者简介

阿曼莎·英博博士是创新心理学家、畅销书作者和 Inventium（澳大利亚领先的创新咨询公司）的创始人。Inventium 被 *BRW*（*Business Review Weekly*，原《商业评论周刊》，根据不同的标准定期编制排行表，类似美国《财富》杂志的公司和个人排行榜。——译者注）评为澳洲成长速度最快的公司之一，入选其“最快 100 公司”榜，同时获得了 *BRW*“澳洲最佳管理咨询公司”中的最佳客户选择奖。

阿曼莎拥有组织心理学的博士学位，并帮助包括谷歌、可口可乐、迪士尼、乐高、红牛、美国运通、麦当劳、维珍澳大利亚航空和澳大利亚联邦银行在内的多家公司成功创新。阿曼莎还是 2015 年特斯拉商界女性奖的最终入围者之一。

阿曼莎是 *BRW* 最佳创新公司排行榜的联合创始人，该排行榜是一个由 Inventium 整合的澳大利亚顶尖创新企业年度排名。她同时还是《澳洲金融评论》（*The Australian Financial Review*）、*BRW*、《澳洲商业解决方案》（*Australian Bussiness Solutions*）、《智慧公司》（*Smart Company*）的专栏作者，也是最畅销书籍《创造力方程：工作和生活中的 50 个经科学证明的提高创造力良方》（*The Creativity Formula：50 Scientifically Proven Creativity*

Boosters for Work and for Life）的作者 。

阿曼莎曾经凭借她的首张专辑《像没有 S 的萨曼莎一样》（*Like Samantha without the S*）获得国际唱片公司的合约，乒乓球打得也很好。

登录 inventium.com.au 可以找到更多关于阿曼莎及其团队的最新信息。你也可以关注阿曼莎的 Twitter（@amantha）和她的个人主页 www.amanthaimber.com。

致 谢

我不知道你是怎么想的，但我是那种喜爱读致谢部分的人。所以，我花了很长时间来写这个部分，因为一是写一本书需要获得很多人的帮助和支持；二是我个人很喜欢一本书的致谢部分。

首先，如果不是因为这本书是写给 Wiley（本书出版商）的克里斯顿·哈蒙德的话，你可能读不到这本书。克里斯顿，感谢你相信人们会对我的作品感兴趣，并在这本书的诞生过程中提供理解和鼓励。也感谢 Wiley 的其他团队成员，包括英格丽德·邦德、克里斯·书顿、艾丽斯·贝里、彼得·沃姆斯利和西奥·瓦西里。

感谢简·汤普森，我的编辑，让我的作品更加简洁和精准。

非常感谢柴德·迪克森、戴耶·梅伦坎普、斯图亚特·斯密斯、巴里·古德、克里斯蒂娜·吉尔罗伊、梅根·凯彻、戴瑞克·奥冬奈尔、休·莫罗茨、麦克·芬奇，尼尔·克里斯蒂、克里斯顿·奥杜尔提、伊文·科恩、玛利亚·莫纳汉、提赞娜·边可和温蒂·梅耶，我由衷地感谢你们大方地提供故事并为此付出时间。你们的案例给我带来了很多灵感，我相信也会对这本书的读者有启迪意义。

感谢杰森·福克斯，首先他把出色的 Wiley 团队介绍给我，同时他也是我在写书和做咨询工作时感到压力太大时可以倾诉的对象。

感谢出现在这本书参考文献中的上百名研究者。没有你们在做研究过程中花费的无数小时和精力，这本书也不能提供那么有说服力的证据和建议。同时也感谢我的研究助理克什和西弥斯，有了你们的协助，使得很多重要研究成果融入这本书中。

非常感谢我在 Inventium 的团队。你们是我工作中最爱的部分，也是我每天的学习对象。我一直都很期盼周一到来，因为我可以和一群厉害的、多样化的、独特的、风趣的、聪明的人相处。这里还要特别感谢米歇尔·勒·普瓦德万和谢丽·罗根。米歇尔，你是最棒的个人助理，棒到我必须给你升职。谢丽，你在我们一起工作的 3 年中教了我很多东西，我翘首企盼，你在环游世界以后继续我们的旅程。

感谢 Inventium 的客户，感谢你们允许我和我的团队实施我们的研究和方法。你们真的是最棒的一群客户——你们很聪明但不失谦逊，都很有创新力。

最大的感谢给我妈妈多丽丝，你给了我写作的基因。感谢你帮我编辑这本书的初稿并提供了那么多的好建议。感谢我的爸爸马丁，你仔细地审查这本书的初稿并把和妈妈的建议一起编辑成 Word 文档（考虑到我妈妈不太会用电脑，而初稿里又有太多的红圈）。你们是我最大的支持者，在抚育我的过程中让我对科学和创造充满激情，并教导我要坚持所想、不忘初心。

感谢我出色的丈夫香农，在每周六、周日的早晨，当我还坐在电脑前面写这本书而女儿弗兰基还在熟睡的时候，你走路去帮我买泰式拿铁。你是极少数既顾家又爱家的男人，感谢你让我有充足的时间来打理 Inventium、写书和当一个母亲。（当然还包括妻子！）

没有你的话我也不会有现在的这些成就。

最后，感谢我最可爱的女儿弗兰基，你让我每天都能开怀大笑。没有你给我带来的超能量，这本书也不会写出来。

反侵权盗版声明

举报电话：（010）88254396；（010）88258888

传　　真：（010）88254397

E-mail:　　dbqq@phei.com.cn

通信地址：北京市万寿路 173 信箱

　　　　　电子工业出版社总编办公室

邮　　编：100036